もくじ・学習の記録

JN078049

[写真提供] ＊一部画像はトリミングして掲載しています。画像の二次使用を禁じます。
Alamy／アフロ／HEMIS／アフロ／PIXTA／Russian Look Ltd.／Alamy／amanaimages／飛鳥園（撮影）／国文学研究資料館／ColBase（https://colbase.nich.go.jp/）
堺市博物館／時事通信フォト／シーピーシー・フォト／ジャパンアーカイブス／正倉院宝物／田上明／アフロ／唐招提寺／平等院／毎日新聞社／アフロ
p.18：国土地理院発行2万5千分の1地形図を加工して作成
p.45：国土地理院発行2万5千分の1地形図を加工して作成

入試までの勉強法

【合格へのステップ】

3月

↓

- 1・2年の復習
- 苦手教科の克服

苦手を見つけて早めに克服していこう！ 国・数・英の復習を中心にしよう。

7月

↓

- 3年夏までの内容の復習
- 応用問題にチャレンジ

夏休み中は**1・2年の復習**に加えて， 3年夏までの内容をおさらいしよう。社・理の復習も必須だ。得意教科は応用問題にもチャレンジしよう！

9月

↓

- 過去問にチャレンジ
- 秋以降の学習の復習

いよいよ過去問に取り組もう！できなかった問題は解説を読み，できるまでやりこもう。

12月

↓

- 基礎内容に抜けがないかチェック！
- 過去問にチャレンジ
- 秋以降の学習の復習

基礎内容を確実にすることは，入試本番で点数を落とさないために大事だよ。

本番！

【本書の使い方と特長】

はじめに

高校入試問題のおよそ7割は，中学1・2年の学習内容から出題されています。
そこから苦手なものを早いうちに把握して，計画的に勉強していくことが，
入試対策の重要なポイントになります。
本書は必ずおさえておくべき内容を1日4ページ・10日間で学習できます。

ステップ 1

基本事項を確認しよう。
自分の得意・不得意な内容を把握しよう。

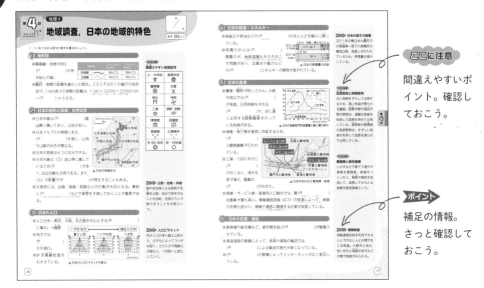

ここに注意

間違えやすいポイント。確認しておこう。

ポイント

補足の情報。さっと確認しておこう。

ステップ 2

制限時間と配点がある演習問題で，ステップ1の内容が身についたか確認しよう。
UP↑ の問題もできると更に得点アップ！

高校入試 準備テスト

実際の公立高校の入試問題で力試しをしよう。
制限時間と配点を意識しよう。

わからない問題に時間をかけすぎずに，解答と解説を読んで理解して，もう一度復習しよう。

別冊解答

+α でさらに関連事項を確認しよう。
入試につながる で入試の傾向や対策，
得点アップのアドバイスを確認しよう。

無料動画については裏表紙をチェック ▶

第1日 ステップ1 地理1 世界の姿と日本の姿

解答 別冊 p. 2

（　）にあてはまる語句や数字を書きましょう。

1 世界の姿

●海洋と陸地の面積の割合はおよそ（① 　　　　）：（② 　　　　）。海
洋は3つの（③ 　　　　　　　　）とそのほかの海からなり，陸地は
6つの（④ 　　　　　　　　）と多くの島々からなる。島々を含めた
ときは，6つの（⑤ 　　　　　　　　）に分けられる。

●世界には 190 余りの国があり，それぞれの国の境を
（⑥ 　　　　　　　）という。周りを海で囲まれている国を
（⑦ 　　　　　　　）（海洋国），海に面していない国を
（⑧ 　　　　　　　）とよぶ。

2 緯度と経度

●緯度は地球を南北に分ける角度で，（⑨ 　　　　　　　　）を0度と
して，北極点と南極点までそれぞれ 90 度で表す。同じ緯度を結
んだ線を（⑩ 　　　　　　　　）という。
↓地図では横の線として表される

●経度は地球を東西に分ける角度で，ロンドンの旧グリニッジ天文
台を通る

（⑪ 　　　　　　　）

を0度として，東西
にそれぞれ 180 度
で表す。

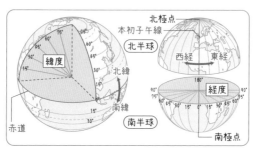

ここに注意
「太平洋」は「太」，大西洋
は「大」。漢字に注意！

ポイント ユーラシア大陸
アジア州とヨーロッパ州が
含まれる。

ポイント アジア州
アジア州は，さらに東アジ
ア，東南アジア，南アジア，
西アジア，中央アジアなど
の地域に分けることもでき
る。

③ 地球儀と世界地図

●地球を小さくした模型を(⑫　　　　　　　)という。
　↑距離と方位が正しく表される
●世界全体は平面に表すことができないため，世界地図には，**緯線と経線が直角に交わる地図，面積が正しい地図，中心からの距離と方位が正しい地図**など，用途^{よう}によっていろいろな種類がある。

④ 日本の位置と範囲

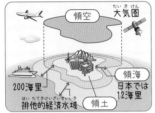

▲ 領土・領海・領空

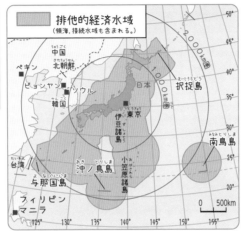

排他的経済水域
（領海，接続水域も含まれる。）

▲日本の東西南北の端と⑬の範囲

●領海の外側の海岸線から **200 海里**（約370km）の範囲^{はんい}には，沿岸国が水産資源や鉱産資源を利用する権利をもつ(⑬　　　　　　　　)がある。また，領海の外側で海岸線から 24 海里までの範囲は，密入国などを取り締^しまる(⑭　　　　　　)である。

⑤ 標準時と時差

●世界の国々は基準となる経線（**標準時子午線**^{ひょうじゅん じ し ご せん}）を決めており，それに合わせた時刻を(⑮　　　　　　　)という。日本の標準時子午線^{ひょうご}は兵庫県明石^{あかし}市を通る東経(⑯　　　)度の経線である。
●二つの地域の（⑮）の差を**時差**^{じさ}という。
●地球はほぼ 24 時間で 1 回転（360 度回転）しているので，1 時間で(⑰　　　)度回転する。よって，経度が（⑰）度違^{ちが}うと 1 時間の時差が生じる。

⑥ 都道府県

●地方の政治を行うための基本単位は都道府県であり，現在は，1 都，1 道，(⑱　　　)府，(⑲　　　　)県がある。都道府県庁が置かれている都市を(⑳　　　　　　　　　)という。

ポイント 世界地図

緯線と経線が直角に交わる地図

緯度が高いほど，実際の面積よりも大きく表される。航海図などに利用される。

中心からの距離と方位が正しい地図

中心からの方位の見え方は地球儀と同じ。航空図などに利用される。

ポイント 領海の範囲^{りょうかい}

領海の範囲は国によって異なり，日本では海岸線から 12 海里（約 22.2km）となっている。

ここに注意

日本の東西南北の端^{はし}

北端^{ほくたん}…択捉島^{えとろふしま}（北海道）
東端^{とうたん}…南鳥島^{みなみとりしま}（東京都）
南端^{なんたん}…沖ノ鳥島^{おきのとりしま}（東京都）
西端^{せいたん}…与那国島^{よなぐにじま}（沖縄県）

ポイント 領土をめぐる問題

北方領土^{ほっぽう}（北海道）
歯舞群島^{はぼまい}，色丹島^{しこたんとう}，国後島^{くなしりとう}，択捉島をいう。ロシアが不法に占拠^{せんきょ}している。
竹島^{たけしま}（島根県隠岐^{おき}の島町^{しまちょう}）
韓国^{かんこく}が不法に占拠している。
尖閣諸島^{せんかくしょとう}（沖縄県石垣市^{いしがき}）
中国などが領有権^{りょうゆうけん}を主張している。

地理1

世界の姿と日本の姿

時間 (30) 分　目標 70点　得点　　点

解答 別冊 p. 2

1 右の地図を見て，次の問いに答えなさい。

36点（各3点，(5)③は6点）

(1) 地図中の **A** の大陸名，**B** の海洋名を答えなさい。

　　A （　　　　　）
　　B （　　　　　）

(2) 地図中の **C** の島が属している州の名前を答えなさい。

　　　　（　　　　　）

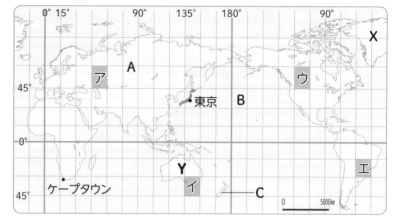

(3) 地図中の **X・Y** のうち，実際の面積が大きいほうを選びなさい。　（　　　）

(4) 次の①〜④にあてはまる地域を，地図中の**ア〜エ**からそれぞれ選びなさい。

　① 南緯20度　西経48度　　② 北緯52度　東経58度

　③ 南緯37度　東経149度　　④ 北緯52度　西経110度

　　①（　　　）　②（　　　）　③（　　　）　④（　　　）

(5) 時差について，次の各問いに答えなさい。

　① 東京とケープタウンの経度の差は何度か答えなさい。（ただし，東京は東経135度，ケープタウンは東経15度として計算しなさい。）　（　　　）度

　② ①をもとに，東京とケープタウンとでは何時間の時差があるか答えなさい。

　　　　　　　　　　　　　　　　　　　　　　　　（　　　）時間

🆙 ③ 東京が4月12日午後3時のとき，ケープタウンの日時を次の**ア〜ウ**から選びなさい。

　ア 4月12日午前7時　　**イ** 4月12日午後7時　　**ウ** 4月12日午後11時

　　　　　　　　　　　　　　　　　　　　　　　　　　　（　　　）

2 右の地図を見て，次の問いに答えなさい。 12点（各4点）

(1) 地図中の東京をのぞく4都市のうち，東京から最も遠い都市を選びなさい。　（　　　　）

(2) 東京からケープタウンまでの直線距離は約何kmか答えなさい。　（　　　　）km

(3) 東京から見たシドニーの方位を四方位で答えなさい。

　　　　（　　　　）

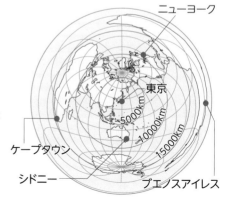

3 右の地図を見て，次の問いに答えなさい。

(1) 地図中の **a** の島々を何とよぶか答えなさい。

（　　　　　　　　　　　　）

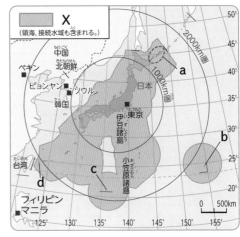

(2) (1)の島々について，正しいものを次の**ア**〜**エ**から選びなさい。

ア 韓国が不法に占拠している。

イ ロシアが不法に占拠している。

ウ アメリカが領有権を主張している。

エ 中国などが領有権を主張している。（　　　　　）

(3) 右の写真にあてはまる島を，地図中の **a** 〜 **d** から選びなさい。また，その島の名前を答えなさい。

記号（　　　）　名前（　　　　　　　　）

(4) 地図の **X** の範囲を何というか答えなさい。（　　　　　　　）

(5) (4)の範囲について，正しいものを次の**ア**〜**エ**から選びなさい。

ア 沿岸国が密輸や密入国などを取り締まることができる。

イ 世界のどの国でも，水産資源や鉱産資源を利用する権利がある。

ウ 沿岸国のみ，船の航行が許されている。

エ 沿岸国には，水産資源や鉱産資源を利用する権利がある。

（　　　　　）

(6) 右の図は，国別の(4)の面積と国土面積を比較したものです。日本にあてはまるものを**ア**〜**エ**から選びなさい。

（　　　　　）

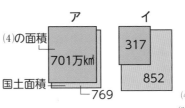
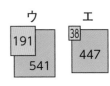

(4)の面積には領海も含まれる。

(2018　漁業漁場漁村ポケットブック)

4 次の文を読んで，あとの問いに答えなさい。

> 都道府県は地方の（　①　）を行うための基本単位であり，(①)を行うための中心となる都道府県庁が置かれている都市を（　②　）という。現在は，1都，（　③　）道，（　④　）府，（　⑤　）県の47都道府県となっており，(②)名は都道府県名と同じものもあれば，異なるものもある。

(1) 文中の①〜⑤にあてはまる言葉や数字を，次の**ア**〜**サ**からそれぞれ選びなさい。

ア 1　**イ** 2　**ウ** 3　**エ** 41　**オ** 42　**カ** 43

キ 開発　**ク** 政治　**ケ** 中心都市　**コ** 政令都市　**サ** 都道府県庁所在地

①（　　　）②（　　　）③（　　　）④（　　　）⑤（　　　）

(2) 下線部について，(②)名と都道府県名が異なる都道府県を，次の**ア**〜**エ**から選びなさい。

ア 岩手県　**イ** 福島県　**ウ** 京都府　**エ** 佐賀県　（　　　　　）

地理2

世界の気候と人々の暮らし

解答 別冊 p.3

（　）にあてはまる語句を書きましょう。

① 世界の気候区分

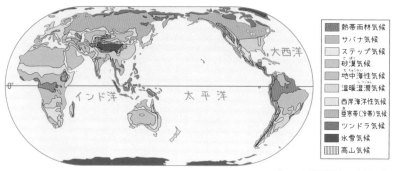

凡例：
熱帯雨林気候
サバナ気候
ステップ気候
砂漠気候
地中海性気候
温暖湿潤気候
西岸海洋性気候
亜寒帯（冷帯）気候
ツンドラ気候
氷雪気候
高山気候

（「ディルケ世界地図」2015年版ほか）

▲世界の気候区分

ポイント 気候帯の分布

赤道周辺から緯度が高くなるにつれて，熱帯→乾燥帯→温帯→亜寒帯→寒帯と分布している。

▲熱帯の様子

▲乾燥帯の様子

▲温帯の様子

▲亜寒帯の様子

▲寒帯の様子

● （① 　　　　　　　）…赤道を中心に広がっていて，一年中暑くて，雨が多い。一年中雨の多い（② 　　　　　　　）気候と，雨季と乾季のあるサバナ気候がある。

● 乾燥帯…一年中雨が少なく乾燥している。砂漠の広がる砂漠気候と少しだけ雨が降る（③ 　　　　　　　）気候がある。

● 温帯…四季がはっきりしている。冬と夏の気温差が大きく降水量の多い温暖湿潤気候，１年を通して気温と降水量の差が小さい西岸海洋性気候，夏に乾燥する（④ 　　　　　　　）気候がある。

● 亜寒帯（冷帯）…夏が短く，冬の寒さが厳しい。

● （⑤ 　　　　　　　）…夏の間だけ氷がわずかにとけるツンドラ気候と一年中氷と雪に覆われる氷雪気候がある。

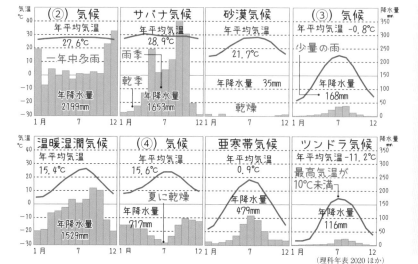

（② ）気候　年平均気温 27.6℃　一年中多雨　年降水量 2199mm

サバナ気候　年平均気温 28.9℃　雨季　乾季　年降水量 1653mm

砂漠気候　年平均気温 21.7℃　年降水量 35mm　乾燥

（③ ）気候　年平均気温 -0.8℃　少量の雨　年降水量 168mm

温暖湿潤気候　年平均気温 15.4℃　年降水量 1529mm

（④ ）気候　年平均気温 15.6℃　夏に乾燥　年降水量 717mm

亜寒帯気候　年平均気温 0.9℃　年降水量 479mm

ツンドラ気候　年平均気温 -11.2℃　最高気温が 10℃未満　年降水量 116mm

（理科年表 2020 ほか）

② 人々の暮らし

地域	自　然	暮らし
暑い地域 (インドネシア)	・一時的な強い雨 →(⑥　　　　　　　) ・熱帯林…豊富な動植物	・高床の住居…熱や湿気から住居を守る。 ・主食は(⑦　　　　　　)で、キャッサバやタロいももよく食べられる。
乾燥した地域 (アラビア半島)	・広大な砂漠	・水を得やすい 　(⑧　　　　　　　　)のまわりに人が住んでいる。 ・(⑨　　　　　　　)によって水を引き、作物を育てる。 ・らくだや羊の　↓移動しながら行う牧畜 　(⑩　　　　　　)がさかん。 ・伝統的な日干しレンガの家
温暖な地域 (スペイン)	・夏に乾燥、冬に雨が多く降る。	・乾燥に強い 　(⑪　　　　　　)やオレンジ、ぶどうなどの栽培がさかん。 ・住居…窓が小さく、壁が厚い。 　↑夏の強い日差しを避けるための工夫
寒い地域 (シベリア)	・(⑫　　　　　　　) →一年中凍った土	・高床の住居、二重、三重の窓、厚い壁　室内を寒さから守るための工夫↑ ・野菜の酢漬けなどの保存食
高地 (アンデス山脈)	・1日の昼夜の温度差が大きい。 ・夜は0℃くらいまで下がる。	・(⑬　　　　　　)の毛でつくった衣服 ・伝統的な日干しレンガの家 ・(⑬)やリャマなどの放牧 　↑4000m以上の高地で飼育

③ 世界の宗教

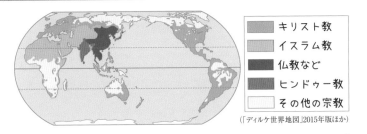

	キリスト教
	イスラム教
	仏教など
	ヒンドゥー教
	その他の宗教

(「ディルケ世界地図」2015年版ほか)

● **キリスト教**…ヨーロッパから南北アメリカ、オセアニアなどに広まり、世界で最も信者が多い。教典は(⑭　　　　　　)で、クリスマスや西暦など、宗教を越えて世界の暮らしに影響をあたえている。

● **イスラム教**…西アジアを中心にアフリカ北部から中央アジア、東南アジアに広まり、キリスト教に次いで信者が多い。教典は(⑮　　　　　　)で、日常生活に結び付いた厳しい規則がある。

● **仏教**…東南アジアから東アジアにかけて分布。教典は(⑯　　　　　　)で、日本では彼岸や盆など、仏教に関する年中行事が定着している。

第1日
第2日
第3日
第4日
第5日
第6日
第7日
第8日
第9日
第10日

ここに注意

高床の住居

・熱帯では、熱や湿気を逃がす。

・亜寒帯では、建物から出る熱が永久凍土をとかし、建物が傾くことを防ぐ。

▲熱帯の高床の住居

▲亜寒帯の高床の住居

ポイント **三大宗教**

キリスト教、イスラム教、仏教は、世界に分布しており、三大宗教といわれる。

ポイント **ヒンドゥー教**

インドで信仰されている宗教で、仏教よりも信者の人口が多い。現在では禁止されているカーストとよばれる身分制度が、生活に根強く残っている。牛は神聖な動物とされ、口にはしない。

世界の気候と人々の暮らし

時間 30分　目標 70点

得点
　　　点

解答 別冊 p.3

1 次の文を読んで，あとの問いに答えなさい。
30点（各3点）

> 　気候帯を見ると，赤道周辺には（　①　）が広がっており，（①）のまわりには（　②　）が広がっている。東京のような中緯度地帯に分布しているのは（　③　）で，さらに緯度が高くなると，（　④　）が広がる。最も高緯度の北極海沿岸などは（　⑤　）に属する。

(1) 文中の①〜⑤の気候帯が分布している地域を，次の地図中の**A**〜**E**からそれぞれ選びなさい。

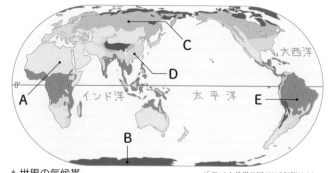

▲世界の気候帯　　　　　　　　（「ディルケ世界地図」2015年版ほか）

① （　　　　　）　② （　　　　　）

③ （　　　　　）　④ （　　　　　）

⑤ （　　　　　）

(2) 文中の①〜⑤にあてはまる気候帯をそれぞれ答えなさい。

① （　　　　　　）② （　　　　　　）③ （　　　　　　）

④ （　　　　　　）⑤ （　　　　　　）

2 次の4人の話を読んで，あとの問いに答えなさい。
20点（各4点）

> **A**　毎日，5回のお祈りは欠かせません。他にも教典には，断食や豚肉を食べることを禁止することなどが書かれていて，わたしたちの暮らしに溶けこんでいます。
>
> **B**　わたしの住む地域のファストフード店のハンバーガーには，牛肉ではなく，とり肉が使われています。また，菜食主義の人専用のメニューも置かれています。
>
> **C**　わたしは，日曜日には教会に行って聖書の勉強をしています。クリスマスは家族で礼拝に行く人がとても多いです。
>
> **D**　わたしはお彼岸になると，お寺に先祖のお墓参りに行きます。大晦日になると除夜の鐘をつきにいくのも，毎年の家族の行事の一つです。

(1) 下線部の「教典」とは何か，答えなさい。　　　　　　　　　　　（　　　　　　　　　）

(2) **A**〜**D**の「わたし」が住む地域でおもに信仰されている宗教の名前を，それぞれ答えなさい。

A （　　　　　）　**B** （　　　　　）　**C** （　　　　　）　**D** （　　　　　）

3 A～Dのカードを読んで，あとの問いに答えなさい。

> **A** 乾燥（かんそう）しているが，少しだけ雨が降る。雨が少なくても育つ小麦やなつめやしなどを，水を運ぶ設備を整えて栽培（さいばい）している。

> **B** 冬の寒さが厳しいが，夏は10℃以上になるため，凍（こお）った土の上に工夫された家が多く建てられている。

> **C** 四季があり，比較的温暖である。雨は冬に降り，夏は日差しが強く乾燥するので，乾燥に強い農作物が栽培（さいばい）されている。

> **D** 気温が高く，一年を通して雨が多いこの地域では，森林が発達し，動植物の宝庫となっている。キャッサバやタロいもを蒸（む）して食べることが多い。

(1) カード**A**の下線部について，このように農作物を育てるために水路を通して水を引くことを何というか答えなさい。　　　　　　　　　　　　（　　　　　　　）

(2) カード**B**の下線部について，この地域の住居の工夫についてあてはまるものを，次の**ア**～**エ**から選びなさい。

 ア 床を低くして，積もった雪がすぐに溶（と）けるようにしている。

 イ 床を高くして，家屋の熱が地面に伝わらないようにしている。

 ウ 窓には薄（う）いガラスを取りつけて，夏の暑さに対応している。

 エ 壁（かべ）を薄くして，外気を利用して部屋をすずしくしている。（　　　　　　）

(3) カード**C**の下線部についてあてはまるものを，次の**ア**～**エ**から選びなさい。

 ア りんご　　**イ** さとうきび　　**ウ** 米　　**エ** オリーブ　　（　　　　　）

(4) カード**D**の下線部について，この地域で急に降る強い雨を何とよぶか答えなさい。

（　　　　　　　　）

(5) 右の写真にあてはまる地域を，カード**A**～**D**から選んで記号で答えなさい。（　　　　）

(6) 右の雨温図にあてはまる地域を，カード**A**～**D**から選んで記号で答えなさい。（　　　　）

 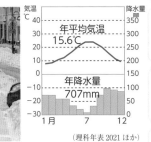

（理科年表2021 ほか）

(7) カード**A**～**D**の気候区を，次の**ア**～**ク**からそれぞれ選びなさい。

 ア 熱帯雨林気候　　**イ** サバナ気候　　**ウ** 温暖湿潤（しつじゅん）気候

 エ 地中海性気候　　**オ** 砂漠（さばく）気候　　**カ** 亜寒帯（冷帯）気候

 キ ステップ気候　　**ク** ツンドラ気候

      A（　　　）　**B**（　　　）　**C**（　　　）　**D**（　　　）

世界の諸地域

解答 別冊 p. 4

（ ）にあてはまる語句を書きましょう。

1 アジア州

●自然…中央部には

（① ）山脈。

●中国…沿岸部に

（② ）を設け，

外国企業を誘致。沿岸部と

内陸部の

（③ ）が課題。

●東南アジア…ほとんどの国が（④ ）

（ASEAN）に加盟し，加盟国間の貿易や人の交流がさかん。

●南アジア…インドでは，**情報通信技術**（（⑤ ））関
↑アルファベット表記
連産業が急速に成長。

●西アジア…おもな産油国は（⑥ ）（OPEC）に加盟。

産油量などの調整を行い，世界の原油価格に影響をあたえる。

凡例：ASEAN加盟国

モンゴル／黄河／中華人民共和国／イラン ヒマラヤ山脈／日本／長江／インダス川／インド／サウジアラビア／ガンジス川／タイ フィリピン／マレーシア／インドネシア／0 2000km

> **ポイント 中国の人口政策**
> 人口増加に対して，一組の夫婦が持つことのできる子どもを一人とする一人っ子政策を行ってきたが，高齢化の進行によって，見直されている。

> **ポイント プランテーション**
> 東南アジアの熱帯にみられる大規模な農園。輸出向けの油やしや天然ゴム，コーヒーなどを多くの労働者を雇って栽培する。

2 ヨーロッパ州

●自然…中央部には

（⑦ ）山脈。

暖流の**北大西洋海流**と
かく↑西からふく風
（⑧ ）の影響で比
較的温暖。

●宗教…広い地域でキリスト教が
信仰され，北西部では

（⑨ ），

南部では（⑩ ），

東ヨーロッパやロシアでは**正教会**をおもに信仰。

●**ヨーロッパ連合（EU）**…政治・経済，社会の統合を目指す。

共通通貨である（⑪ ）の導入，西ヨーロッパと東

ヨーロッパなど，EU域内の（③）が課題。

●農業…（⑦）山脈の北側では（⑫ ），南側では**地中**
オリーブやぶどうを生産↓
海式農業，北海沿岸では**酪農**がさかん。
↑家畜飼育と飼料作物の栽培を組み合わせた農業
らくのう↑バターやチーズを生産

凡例：EC発足当時（1967年）の加盟国／1995年のEU加盟国／EU発足当時（1993年）の加盟国／2004年以降のEU加盟国

北大西洋海流／ノルウェー／フィンランド／偏西風／スウェーデン／ロシア連邦／オランダ／イギリス*／ポーランド／ドイツ／ハンガリー／ライン川／ルーマニア／フランス／アルプス山脈／ブルガリア／スペイン／イタリア／ギリシャ／ポルトガル／0 1000km
*イギリスは2020年にEUを離脱した。

> **ポイント ヨーロッパの言語**
> 北西部では英語，ドイツ語などのゲルマン系言語，南部ではイタリア語やスペイン語などのラテン系言語，東部ではロシア語やポーランド語などのスラブ系言語が使用されている。

> **ここに注意**
> **ECとEU**
> アメリカ合衆国などの大国に対抗するために，1967年にヨーロッパ共同体（EC）を結成。ECが発展してEUとなった。

③ アフリカ州

●自然…北部には世界最大の
（⑬　　　　　　　）砂漠があり，南の縁
に沿った**サヘル**では砂漠化が進行。

●単一の農産物や鉱産資源の輸出に頼った
（⑭　　　　　　　）経済の国が多い。
↑銅に頼るザンビア，原油に頼るナイジェリアなど

ポイント　非政府組織（NGO）
医療活動や道路，水道など
の整備を行う非営利団体で，
アフリカではさまざまな活
動が行われている。

④ 北アメリカ州

●自然…太平洋側に（⑮　　　　　　　　）山脈が連なり，その東側に
は**グレートプレーンズ，プレーリー，中央平原**が広がる。

●農業…地域の自然環境に合わせた
（⑯　　　　　　　）と企業的な農
業経営によって，世界最大の農産
物輸出国になっている。

●工業…北緯37度より南の
（⑰　　　　　　　）では**先端技術**
↑土地が安く，労働力が豊富
産業が発達。シリコンバレーには**情報通信技術（ICT）**関連企業
が集中。

ここに注意

アメリカ合衆国の首都
ニューヨークではなくワシ
ントンD.C.。

**ポイント　アメリカの農業と
気候**
西経100度より東は雨が
多く，大豆やとうもろこし，
綿花の栽培がさかん。西は
雨が少なく，放牧が中心。

⑤ 南アメリカ州

●自然…太平洋側に（⑱　　　　　　　）山脈が連なり，赤道近くを
アマゾン川が流れている。

●開発と環境保全…アマゾン川流域
の開発による環境破壊→違法な森
林伐採の取りしまり。植物を原料
とする（⑲　　　　　　　）**燃料**の
生産。

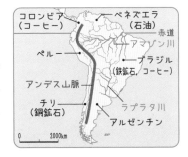

ポイント　バイオ燃料
さとうきびやとうもろこし
などを原料とした燃料。燃
やすと二酸化炭素が排出さ
れるが，原料の植物は光合
成の際，二酸化炭素を吸収
するため，トータルでは増
加する二酸化炭素量がゼロ
となる。

⑥ オセアニア州

●多文化社会…白人以外の移民を制限
する（⑳　　　　　　　）の政策が廃止
され，イギリス以外のヨーロッパやア
ジアの国々からの移民が増加し，今
では**アボリジニ**や**マオリ**を含めた**多**
↑オーストラリア先住民　↑ニュージーランド先住民
文化社会へと変化。

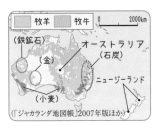

（「ジャカランダ地図帳」2007年版ほか）

世界の諸地域

1 右の地図を見て，次の問いに答えなさい。　　27点（各3点）

(1) 赤道を表す緯線を地図中の**ア〜ウ**から選びなさい。　　（　　　）

(2) 地図中の**a**の山脈と**b**の川の名前を答えなさい。

　　a（　　　　　　　） b（　　　　　　　）

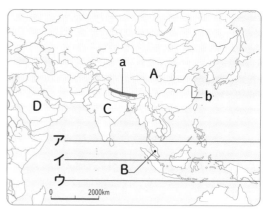

(3) 次の①〜④にあてはまる国を地図中の**A〜D**からそれぞれ選びなさい。

　① OPECに加盟しており，原油は国の輸出額の第一位を占めている。

　② これまでは国内でとれる綿花や鉄鉱石などを原料とした工業が発達していたが，現在は，情報通信技術関連産業が急速に成長している。

　③ ₐ1980年ごろから始まった人口抑制政策によって高齢化が進行してきたため，現在は政策が見直されている。

　④ ₑかつてヨーロッパ人によって開かれた大農園で，油やしなどを大規模に栽培している。近年は外国企業を招くなどして，電気機械工業や自動車工業が発達している。

　　　　①（　　　） ②（　　　） ③（　　　） ④（　　　）

(4) (3)の下線部**a**の政策を何とよぶか答えなさい。　　　　　　（　　　　　　　）

(5) (3)の下線部**b**のような農園を何とよぶか答えなさい。　　　　（　　　　　　　）

2 次の文を読んで，あとの問いに答えなさい。　　20点（各4点）

> ヨーロッパの中央部には（　①　）山脈が連なり，この山脈からドイツ，オランダに流れるのが（　②　）川である。ヨーロッパの多くの国々はEUに加盟しており，各国間の結び付きが強い。近年は東ヨーロッパと西ヨーロッパとの（　③　）が課題となっている。

(1) 文中の①・②にあてはまる言葉を答えなさい。

　　　　　　　　　　①（　　　　　　　） ②（　　　　　　　）

(2) 下線部について，次の各問いに答えなさい。

　① EU域内の多くの国が導入している共通通貨の名前を答えなさい。　（　　　　　　）

　② EUの前身で，1967年に成立した組織を，アルファベット2字で答えなさい。

　　　　　　　　　　　　　　　　　　　　　　　　　　　（　　　　　　）

(3) 文中の③にあてはまる言葉を，漢字4字で答えなさい。　　　（　　　　　　）

3 右の地図を見て，次の問いに答えなさい。

(1) 地図中の **a** の山脈と **b** の川の名前を答えなさい。

a（　　　　　　　）　b（　　　　　　　）

(2) アメリカの農業生産量が多い理由について，次の①・②にあてはまる言葉を下の**ア～エ**から選びなさい。

・自然条件を活かした（　①　）が行われており，労働者を雇い広大な農場で大量生産する（　②　）な農業が行われているため。

ア 混合農業　　**イ** 適地適作　　①（　　　　　）

ウ 企業的　　　**エ** 集約的　　　②（　　　　　）

(3) 地図中の**X・Y**の地域の農業について，あてはまるものを次の**ア～エ**からそれぞれ選びなさい。

ア とうもろこし，大豆，綿花などが栽培されている。

イ 大規模な酪農がさかんである。

ウ 地中海式農業がさかんである。

エ 放牧がさかんである。　　　　　X（　　　）　Y（　　　）

(4) 地図中の北緯37度より南の地域を何とよぶか答えなさい。（　　　　　　　）

(5) (4)の地域で急速に発展した産業を，次の**ア～エ**から選びなさい。

ア 自動車工業　　**イ** 先端技術産業　　**ウ** 印刷業　　**エ** 鉄鋼業　　（　　　　　）

4 次の文を読んで，あとの問いに答えなさい。

> **A** この国では，a植物を原料とする燃料の生産が増えており，大都市では，この燃料を売るガソリンスタンドがある。
>
> **B** 国のb経済を銅の輸出だけに頼るこの国には貧困層が多く，また，医療の整備が急がれ，日本からは医療技術者を派遣するなど，非政府組織の活動が行われている。
>
> **C** この国では紛争による難民が多く発生し，日本は紛争地域の復興に向けた経済的支援や難民キャンプへの生活支援などを行っている。
>
> **D** 近年，この国へのアジアからの移民が増加し，さまざまな文化を互いに尊重し合う社会へと変化してきた。

(1) 下線部 **a** の燃料を何とよぶか答えなさい。（　　　　　　　）

(2) 下線部 **b** のように，単一の農産物や鉱産資源の輸出に頼った経済を何とよぶか答えなさい。

（　　　　　　　）

(3) **A～D**にあてはまる国を，次の**ア～エ**からそれぞれ選びなさい。

ア ザンビア　　**イ** オーストラリア　　**ウ** ブラジル　　**エ** シリア

A（　　）　B（　　）　C（　　）　D（　　）

地理4

地域調査，日本の地域的特色

解答 別冊 p.5

( )にあてはまる語句や数字を書きましょう。

1 地形図

●**等高線**…地表の同じ

（① 　　　　　　）の所

を結んだ線。

等高線		2万5千分の1 地形図	5万分の1 地形図
計曲線	～	50mごと	100mごと
主曲線	～	10mごと	20mごと

●**縮尺**…実際の距離を縮小した割合。2万5千分の1の縮尺の地形

図で，1cmの長さの実際の距離は，1(cm)×25000 = 25000(cm)

↑地図上の長さ×縮尺の分母＝実際の距離

= (② 　　　) mとなる。

2 日本の地形と気候，自然災害

●日本列島は(③ 　　　　　)造

山帯に属しており，山地が多い。

●日本アルプスの東側にある

（④ 　　　　　　）を境に，山地

や山脈の向きが異なる。

●日本の気候は6つに区分できる。

●日本列島は （③）造山帯に属して

いるため(⑤ 　　　　　)が多

く，**火山**活動も活発である。また，

（⑤）の影響で(⑥ 　　　　　)が発生することもある。

●災害時には，**公助・自助・共助**などの行動が大切となる。事前

に(⑦ 　　　　　)などで被害を予測しておくことが重要であ

↑想定される被害状況などが示された地図

る。

（「理科年表」2019年ほか）

北海道の気候

日本海側の気候

内陸の気候

太平洋側の気候

瀬戸内の気候

南西諸島の気候

▲日本の気候区分

3 日本の人口

●人口分布…**東京，大阪，名古屋**を中心とする(⑧ 　　　　　)

に集中。→**過密**

●地方では

（⑨ 　　　　　）

化の進行。

●**少子高齢社会**を

むかえている。

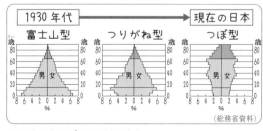

1930年代		現在の日本
富士山型	つりがね型	つぼ型

男 女

（総務省資料）

▲日本の人口ピラミッドの変化

ここに注意

間違えやすい地図記号

小・中学校 ✖	高等学校 ⊗
警察署 ⊗	交番 ✕
神社 ⛩	寺院 卍
工場 ✿	発電所・変電所
博物館 血	図書館
果樹園	広葉樹林
市（区）役所 ◎	町・村役場 ○

ポイント 公助・自助・共助

国や自治体による救助や支援を公助，自分で身を守ることを自助，住民どうしで助け合うことを共助という。

ポイント 人口ピラミッド

年少人口の多い富士山型から，少子化によってつりがね型へ，さらに少子高齢化が進むと，つぼ型へと変化していく。

❹ 日本の資源・エネルギー

- 鉄鉱石や原油などの(⑩   )のほとんどを輸入に頼っ
↑漢字四字
ている。
- 発電の中心は(⑪   )
発電だが，地球温暖化を引きおこ
↑石油や石炭は燃やすと二酸化炭素を排出
す問題があり，太陽光や風力など
の(⑫   )エネルギーの開発が急がれている。

	水力	地熱・風力など0.6
2010年 1兆1569億kWh	7.8%	火力 66.7 原子力 24.9
2017年 1兆74億kWh	8.9%	85.5 3.1 2.5

(2017 World Energy Statistics,ほか)

▲ 日本の発電量の内訳

ポイント 日本の原子力発電

2011年の東日本大震災で
の福島第一原子力発電所の
事故以降，見直しが行われ
ているため，発電量が減少
している。

❺ 日本の産業

- 農業…**稲作**が特にさかん。大都
市周辺では(⑬   )
が発達。出荷時期を早める
(⑭   )や，逆に遅
く出荷する**抑制栽培**を行って
いる地域がある。

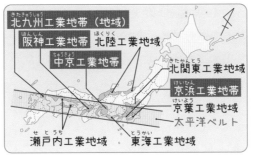

▲ 日本の漁業部門別漁獲量と輸入量の変化

- 漁業…魚介類を確実に供給するため，
(⑮   )
と**栽培漁業**が行われ
ている。
- 工業…1980年代に
(⑯   )
がおこると，海外生
産が増え，**産業の**
(⑰   )がおきた。

北九州工業地帯（地域）
阪神工業地帯　北陸工業地域
中京工業地帯
北関東工業地域
京浜工業地帯
京葉工業地域
太平洋ベルト
瀬戸内工業地域　東海工業地域

▲ 日本のおもな工業地帯・地域

- 商業・サービス業…産業別人口割合では，**第**(⑱   )
↑商業やサービス業など
次産業が最も高い。情報通信技術（ICT）の発達によって，商業
インターネットショップなど↑
の形態も変わり，情報や通信に関連する企業が成長している。
↑ソフトウェア開発や映像制作など

ここに注意

促成栽培と抑制栽培

共に時期をずらして出荷す
るため，高い利益が得られ
る農業。宮崎平野や高知平
野の野菜は，温暖な気候を
利用して成長を早めて出荷
している。長野県や群馬県
の高原野菜は，すずしい気
候を利用して成長を遅らせ
て出荷している。

ここに注意

養殖業と栽培漁業

いけすなどで育てて増やす
漁業を養殖業，漁場をつ
くったり，稚魚や稚貝を放
流して，成長してからとる
漁業を栽培漁業という。

❻ 日本の交通・通信

- 新幹線や航空機など，都市間を結ぶ(⑲   )が整備さ
れている。
- 高速道路の整備によって，旅客や貨物の輸送では，
(⑳   )による輸送の割合が高くなっている。
- (㉑   )の整備によってインターネットが広く普及し
ている。

ポイント 情報格差

情報通信技術を利用できる
人とできない人との間で生
じる格差。大都市と地方，
若い世代と高齢の世代など
の間で格差がみられる。

地理4

地域調査，日本の地域的特色

1 右の地形図を見て，次の問いに答えなさい。　　　　　　　　　　　20点（各5点）

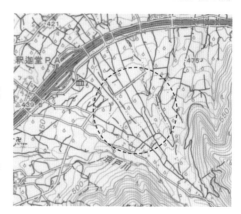

（1）この地形図の縮尺を，次の**ア**〜**エ**から選びなさい。

　ア　1万分の1　　**イ**　2万5千分の1

　ウ　5万分の1　　**エ**　20万分の1　　　　（　　　）

（2）地形図で表されている博物館の標高を，次の**ア**〜**エ**
　　から選びなさい。

　ア　400m　　**イ**　430m

　ウ　460m　　**エ**　490m　　　　　　　（　　　）

（3）で囲まれた場所の土地利用を，次の**ア**〜**エ**から
　　選びなさい。

　ア　果樹園　　**イ**　田　　**ウ**　畑　　**エ**　広葉樹林　　　　　　　　　　　　　（　　　）

（4）この地形図が示している範囲の地形の名前を答えなさい。　　　　（　　　　　　）

（「石和」平成28年発行）

2 右の地図と雨温図を見て，次の問いに答えなさい。　　　　　　　24点（各4点）

（1）たかしさんは右の地図と雨温図を見て，各地の気候について
　　まとめました。たかしさんのまとめた文を読んで，あとの問
　　いに答えなさい。

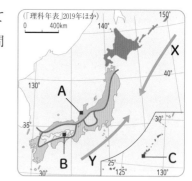

・地図中の**A**の都市は，冬になるとしめった　　　　　がふき，雨や雪を多く降らせるので，雨温図は（　a　）となります。

・地図中の**B**の都市は，北と南に山地が連なり，しめった　　　　　が届かず雨が少ないので，雨温図は（　b　）となります。

・地図中の**C**の都市は，南に位置していて平均気温が高いので，雨温図は（　c　）となります。

①　文中の　　　　　に共通してあてはまる言葉を答えなさい。
　　　　　　　　　　　　　　　　（　　　　　　）

②　文中の**a**〜**c**にあてはまる雨温図を，右の**ア**〜**エ**から選びなさい。a（　　　）b（　　　）c（　　　）

（2）地図中の**X**・**Y**の海流の名前を，それぞれ漢字二字で答えなさい。　**X**（　　　　　　）**Y**（　　　　　）

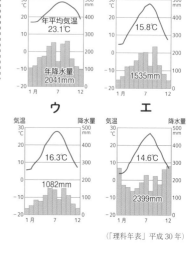

（「理科年表」平成30年）

3 右の地図を見て，次の問いに答えなさい。

(1) 地図中の **X** の地域を何とよぶか答えなさい。　　　　（　　　　　）

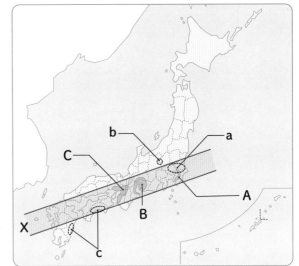

(2) (1)の地域について，あてはまるものを次の**ア**〜**ウ**から選びなさい。

　ア　新しくできた工業地域が多い。

　イ　軽工業が中心の工業地域である。

　ウ　多くの工業地域が集まっている。

　　　　　　　　　　　　（　　　　　）

(3) 地図中の **A**〜**C** の工業地帯・地域の工業出荷額の内訳を，次の**ア**〜**ウ**からそれぞれ選びなさい。

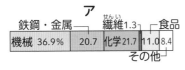

ア
鉄鋼・金属┐　　　繊維1.3┐　　┌食品
| 機械 36.9% | 20.7 | 化学21.7 | 11.0 | 8.4 |
　　　　　　　　　　　　その他

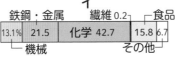

イ
　　　　　鉄鋼・金属　　　　繊維0.2┐　┌食品
| 13.1% | 21.5 | 化学 42.7 | 15.8 | 6.7 |
　　└機械　　　　　　　　　その他

ウ
　　　　　　　　　　　　　　　繊維0.8┐┌食品
| 機械 69.4% | 9.4 | 化学10.8 | 4.7 | 4.9 |
　　　　　　　鉄鋼・金属　　　その他

2017年（平成30年工業統計表）

A（　　　）　B（　　　）　C（　　　）

(4) 地図中の **a**〜**c** でさかんに行われている農業を，次の**ア**〜**エ**からそれぞれ選びなさい。

　ア　新鮮な野菜を大都市に出荷する近郊農業が行われている。

　イ　温暖な気候を利用して，ピーマンやきゅうりなどの促成栽培が行われている。

　ウ　広い土地に大型機械を導入して大規模な畑作が行われている。

　エ　すずしい気候を利用して，レタスやキャベツなどの抑制栽培が行われている。

a（　　　）　b（　　　）　c（　　　）

4 次の文を読んで，あとの問いに答えなさい。

> ・わが国の人口は東京・大阪・ a 京都を中心とする三大都市圏に集中しており，大都市では b 過疎による住宅不足や交通渋滞などが問題となっている。
>
> ・ c ICT の発達によってわたしたちの暮らしは便利になってきたが，この技術を利用できる人とできない人との間では d 情報格差が生まれている。
>
> ・産業別に就業者数を見ると，　e 第2次産業で働く人が最も多い。

(1) 下線部 a〜e について，正しいものには○を，間違っているものには正しい言葉を書きなさい。

a（　　　　　）　b（　　　　　）　c（　　　　　）

d（　　　　　）　e（　　　　　）

(2) 現在の日本の人口ピラミッドを，右の**ア**〜**ウ**から選びなさい。　　　　（　　　）

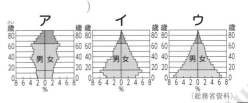

（総務省資料）

日本の諸地域

解答 別冊 p.6

（　）にあてはまる語句を書きましょう。

① 九州地方

● 自然…阿蘇山の（①　　　　　　　　　　）が有
名。雨は**梅雨**から**台風**の時期に特に多い。
↑火山噴火によってできた大きなくぼ地

● 農業…筑紫平野では稲作をした土地で小麦，
大麦を栽培する（②　　　　　　　），シ
ラス台地での畜産，宮崎平野ではきゅうり，
ピーマンの（③　　　　　　　）がさかん。

● 工業…IC（集積回路），自動車の生産。

● 南西諸島…温暖な気候と**サンゴ礁**の美し
い海を資源とした観光業，さとうきびの栽培。

筑紫平野
（二毛作）
阿蘇山
（カルデラ）
九州山地
筑後川
宮崎平野
（促成栽培）
シラス台地
（畜産…牛や豚）
沖縄島
（観光業）

ポイント **南西諸島の農業**

温暖な気候を利用したパイ
ナップルやマンゴーのほ
か，菊などの収益性の高い
花や果物の生産が増えてい
る。

② 中国・四国地方，近畿地方

● 自然…**山陰**は冬に雨や雪が多く，**瀬戸内**は降水量が少ない。**南四**
国は1年を通して温
暖で降水量が多い。

● 日本最大の湖である
（④　　　　　　）
から流れる
（⑤　　　　　　）
流域には低地が広が
り，（⑥　　　　　　）大都市圏が形成されている。

● 工業…瀬戸内海沿岸にある（⑦　　　　　　）工業地域には**石油**
倉敷市，周南市，新居浜市など↑
化学コンビナートが形成され，製鉄所もつくられている。
↑福山市，呉市
（⑧　　　　　　）工業地帯は重化学工業がおとろえ，新分野の
↑石油化学，鉄鋼
工業がおこっている。

● 農業…高知平野ではなす，ピーマンの（③　）がさかん。収穫した
農作物は（⑨　　　　　　）**連絡橋**で大阪や東京の市場へ運ばれ
る。

● 中国山地，四国山地では人口が流出することで（⑩　　　　　　）化
が進行。観光客をよんだり，情報通信技術（ICT）関連企業を誘
致したりと（⑪　　　　　　）に取り組んでいる。

山陰
琵琶湖
中国山地
淀川
阪神工業地帯
瀬戸内工業地域
紀伊山地
瀬戸内
四国山地
讃岐平野
（ため池）
南四国
高知平野
（促成栽培）
大阪平野
（京阪神大都市圏）

ポイント **新分野の工業**

瀬戸内工業地域では，外国
との競争に勝ち残るため，
石油化学工業に関連した医
薬品や医療機器の開発が進
んでいる。阪神工業地帯の
臨海部では太陽光発電のパ
ネルや蓄電池などが製造さ
れている。

ポイント **紀伊山地の林業**

紀伊山地では林業がさかん
だが，安い輸入木材の増
加，後継者不足などの問題
がある。そのため，国や自
治体による後継者の育成事
業，公共施設での地元産木
材の使用促進が進められて
いる。

③ 中部地方

- ●自然…中央には(⑫　　　　　　　)
  とよばれる３つの山脈がある。
  飛騨・木曽・赤石山脈↑
- ●工業…出荷額が日本最大の**中京工業**
  地帯は内陸部の(⑬　　　　　　)工業
  ↑豊田市が中心
  など，機械工業が中心。静岡県の**東**
  海工業地域では，(⑭　　　　　　)・
  パルプ工業が発達。
- ●農業…渥美半島では菊の**抑制栽培**な
  あつみ　　　　　　きく　よくせい
  ↑都市への出荷を目的に，野菜や果樹，花などを栽培する農業
  ど（施設）(⑮　　　　　　　)がさかん。中央高地の高原では**高**
  原野菜の栽培，盆地では果樹の栽培がさかん。
  ぼんち
  ↑盆地にある扇状地でぶどう・ももを栽培

④ 関東地方

- ●自然…関東平野には(⑯　　　　　　　)川が流れ，火山灰が堆積
  たいせき
  した(⑰　　　　　　　)に覆われた台地が広がっている。
  おお
- ●東京…都心には通勤，通学者が集ま
  り，(⑱　　　　　　)人口より
  (⑲　　　　　　　)人口が多い。情
  報通信技術（ICT）関連産業やゲーム，
  映画，アニメなどの産業が集中。
- ●工業…**京浜工業地帯**では印刷業や食
  けいひん
  品工業がさかん。
  内陸部には(⑳　　　　　　)工業地域，千葉県の臨海部には
  (㉑　　　　　　)工業地域が形成された。

⑤ 東北地方，北海道地方

- ●自然…三陸海岸には(㉒　　　　　　　)海岸が発達。
  さんりく
- ●伝統文化…東北地方の祭りなどの
  伝統行事は観光資源となっている。
- ●水産業…三陸沖の**潮目（潮境）**は
  しおめ　しおざかい
  暖流と寒流が出会うところ↑
  有数の漁場。(㉒)海岸では**養殖**
  ようしょく
  業がさかん。北海道では，かつて
  ↑波がおだやかで養殖に適している
  の北洋漁業中心から，養殖業や
  ↑北太平洋を漁場とする遠洋漁業
  (㉓　　　　　　)漁業へと移り
  ↑稚魚・稚貝を放流して育ててとる漁業
  変わってきた。

第**5**日 ステップ**2** 地理5

日本の諸地域

時間 **30** 分 ｜目標 **70** 点

得点

点

解答 別冊 p.6

1 次の文を読んで，あとの問いに答えなさい。

32点（各4点）

> A 温暖な気候を利用して_a野菜の成長を早める栽培を行い，_b本州四国連絡橋を使って出荷している。
>
> B かつては重化学工業中心であった臨海部エリアは，新しい分野の工場や大型の物流施設，テーマパークなどが集まる地域へと変化した。
>
> C _c稲作が終わると，同じ場所で小麦や大麦などを栽培している。
>
> D 「吉野すぎ」「尾鷲ひのき」などの林業がさかんな地域では，（　　　　）の問題を解決するために，国や自治体による林業の技能研修が行われている。

(1) 下線部**a**のような農業を何というか答えなさい。　　　　　（　　　　　　）

(2) 下線部**b**が開通したことの影響について，あてはまらないものを次の**ア〜エ**から選びなさい。

　ア 消費者が大阪などに吸い寄せられ，四国で消費が落ちこむ地域も出てきた。

　イ 徳島県から高速バスを利用して，日帰りで大阪に買い物に行けるようになった。

　ウ 徳島県の「阿波おどり」を見物する観光客が，これまで以上に全国から来るようになった。

　エ 四国の人口が増加してきた。　　　　　　　　　　　　　（　　　　　　）

(3) 下線部**c**のような農業を何というか答えなさい。

　　　　　　　　　　　　　　　　　（　　　　　　　　　）

(4) **D**の（　　）にあてはまる言葉を，次の**ア〜エ**から選びなさい。

　ア 環境破壊　　**イ** 過密化

　ウ 安い輸入木材　　**エ** 後継者不足　　　（　　　　　　）

(5) **A〜D**にあてはまる地域を，右の地図中の**ア〜カ**からそれぞれ選びなさい。

　A（　　　）　B（　　　）　C（　　　）　D（　　　）

2 次の表の①〜④にあてはまる県を地図中の**A〜F**から選び，それぞれの県名を答えなさい。

32点（各4点）

	米　生産量 2019年(万t)	りんご生産量 2018年(万t)	ぶどう生産量 2018年(万t)	輸送用機械器具 出荷額等 2017年(億円)	電子部品など[※] 出荷額等 2017年(億円)
①	64.6	−	0.2	2,460	3,695
②	2.7	0.1	4.2	1,014	2,152
③	13.7	−	0.4	264,951	5,957
④	19.8	14.2	3.1	3,995	7,663

（日本国勢図会 2020/21）※電子部品・デバイス・電子回路

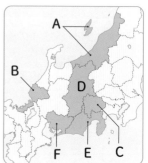

①（　　　　）（　　　　　　）　　②（　　　　）（　　　　　　）

③（　　　　）（　　　　　　）　　④（　　　　）（　　　　　　）

3 次の東日本の都道県についての文を読んで，あとの問いに答えなさい。　　36点 (各2点，(7)は6点)

A　県の南部は _a日本最大の面積をもつ平野の一部で，_b野菜を近くの大消費地に出荷している。

B　_c土地を改良し，稲作や畑作が行えるようになった。広大な土地を活用して，大型機械を導入したりする大規模な農業が行われている。

C　県の中央部にある盆地の（　　　）では果樹栽培がさかんで,「果物王国」とよばれている。

D　臨海部には石油化学コンビナートなどがあり，_d重化学工業中心の工業地域がある。

E　都心には企業や学校が集まっているため，_e周辺の県から通勤・通学者が移動してくる。

F　_f三陸海岸では，_gかきやわかめなどの養殖がさかんである。

G　右の写真の祭りには，毎年多くの観光客が訪れる。

---

(1)　下線部 **a** の平野の名前を答えなさい。（　　　　　）

(2)　下線部 **b** のような農業を何というか答えなさい。（　　　　　）

(3)　下線部 **c** について，他の場所から農業に適した土を運びこむことを何というか答えなさい。
（　　　　　）

(4)　**C** の（　　　）にあてはまる，果樹栽培に適した，水はけがよく日当たりのよい斜面をもつ地形の名前を答えなさい。（　　　　　）

(5)　右の**資料Ⅰ**は下線部 **d** の工業地域の出荷額の内訳を表しています。この工業地域名を答えなさい。（　　　　　）

資料Ⅰ

機械 13.1%	鉄鋼・金属 21.5	化学 42.7	繊維0.2	食品 15.8	その他 6.7

2017 年（平成 30 年工業統計表）

(6)　下線部 **e** について，都心では夜間人口と昼間人口のどちらが多いか，答えなさい。（　　　　　）

(7)　下線部 **f** の三陸海岸の沖は世界的な漁場となっています。その理由を，簡単に書きなさい。
（　　　　　）

(8)　下線部 **g** について，海での養殖業にあてはまる漁獲量の折れ線を，**資料Ⅱ**の**ア～エ**から選びなさい。（　　　）

(9)　**G** の写真の祭りは一般に何とよばれるか，次の**ア～エ**から選びなさい。
　ア　竿燈まつり　　イ　ねぶた祭
　ウ　祇園祭　　エ　七夕まつり
（　　　）

資料Ⅱ

*輸入には加工品を含む。

万t
700
600
500
400
300
200
100

ア　イ　ウ　エ　輸入

1970 75 80 85 90 95 2000 05 10 15 17年
（農林水産省資料）

▲日本の漁業部門別漁獲量と輸入量の変化

(10)　**A～G** にあてはまる都道府県を右の地図中の**ア～コ**からそれぞれ選びなさい。

A（　　　）　B（　　　）　C（　　　）　D（　　　）　E（　　　）　F（　　　）　G（　　　）

文明のおこりと古代国家の歩み

（　）にあてはまる語句を書きましょう。

① 人類の誕生と古代文明

●最も古い人類は，約 700 万年から 600 万年前にアフリカに現れた（① 　　　　　　）である。

●約 200 万年前に現れた（② 　　　　　　）から約 20 万年前に現れた新人（ホモ・サピエンス）が打製石器を使った時代を**旧石器時代**という。

●約 1 万年前から（③ 　　　　　　）石器が使われた時代を**新石器時代**という。

<table>
<tr><td rowspan="4">四大文明</td><td>エジプト文明</td><td>（④ 　　　　　　）川流域
ピラミッド，太陽暦，象形文字</td></tr>
<tr><td>メソポタミア文明</td><td>チグリス・ユーフラテス川流域
（⑤ 　　　　　　）文字，太陰暦</td></tr>
<tr><td>インダス文明</td><td>インダス川流域，インダス文字，モヘンジョ・ダロ</td></tr>
<tr><td>中国文明</td><td>黄河・長江流域　儒学（儒教）…孔子
（⑥ 　　　　　　）文字…漢字の基</td></tr>
</table>

●中国は，紀元前 3 世紀に（⑦ 　　　　　　）の**始皇帝**によって統一され，その後，**漢**によって統一された。

●ギリシャでは，紀元前 8 世紀ごろからアテネやスパルタのような都市国家（（⑧ 　　　　　　））が造られた。

●都市国家の一つである（⑨ 　　　　　　）は，紀元前 30 年には地中海を囲む地域を統一する大帝国となった。

② 縄文・弥生時代

<table>
<tr><td>縄文時代</td><td>（③）石器，（⑩ 　　　　　　）土器，土偶の使用
（⑪ 　　　　　　）に住む，三内丸山遺跡（青森県）</td></tr>
<tr><td>弥生時代</td><td>大陸から稲作，青銅器，鉄器が伝わる，弥生土器の使用
稲を（⑫ 　　　　　　）に保管，吉野ヶ里遺跡（佐賀県）</td></tr>
</table>

●紀元前 1 世紀ごろ…倭（日本）に 100 余りの国があった。
　↑中国の歴史書「漢書」に書かれている

●1 世紀半ば…奴国の王が漢に使いを送り，金印を授かった。
　↑中国の歴史書「後漢書」に書かれている

●3 世紀…**邪馬台国**の女王（⑬ 　　　　　　）が魏に使いを送り，
　↑中国の歴史書「三国志」魏書に書かれている（魏志倭人伝）
「親魏倭王」の称号と金印を授かった。

ポイント 人類の進化
・原人…火や言葉の使用
・新人…土器の使用

ポイント 四大文明の共通点
・大河の流域で発達
→農耕が発達し都市が生まれて文明が発達
・文字の発達

ポイント 宗教のおこり
仏教…紀元前 5 世紀ごろ　インドのシャカ（釈迦）
キリスト教…1 世紀　西アジアのイエス
イスラム教…7 世紀　アラビア半島のムハンマド

ポイント 万里の長城
始皇帝は北方の遊牧民の侵入を防ぐために万里の長城を築いた。

③ 古墳・飛鳥時代

● 3世紀になると，奈良盆地を中心に大きな力をもつ王と有力な
豪族による(⑭　　　　　　　)が現れた。→全国に**古墳**が広まる。

●**聖徳太子（厩戸皇子）**…(⑮　　　　　　　　　)の制度，十七条の憲
法を制定。小野妹子らを(⑯　　　　　　)として隋に派遣。
↑能力のある者を役人に用いる制度

●**飛鳥文化**…日本初の仏教文化，(⑰　　　　　　　　　)の釈迦三尊像
など。
↑現存する世界最古の木造建築

●**大化の改新**…645年，(⑱　　　　　　)が中臣鎌足（後の藤
原鎌足）らとともに蘇我氏をほろぼして行った，天皇を頂点とす
る政治改革→公地・公民の方針を示す。
↑土地と人々を国家が直接支配すること

●(⑲　　　　　　　　)の制定（701年）→**律令国家**となる。
↑律…刑罰の決まり，令…政治の決まり

④ 奈良時代

● 710年に奈良に**平城京**が造られる。

● 農民の負担…租（稲），調（特産物），庸（布），労役や兵役

● 土地制度…**班田収授法→三世一身法**→(⑳　　　　　　　　　　)
↑口分田があたえられ，死ぬと返す　　↑開墾した土地はのちに荘園とよばれた
↑新しく開墾した土地は私有地としてよい

●**聖武天皇**…仏教の力で国家を守る。都に東大寺，国ごとに国分寺
と国分尼寺を建てた。

●**天平文化**…(㉑　　　　　　　　)を通じて唐の文化の流入。

建築	正倉院（校倉造）…国際色豊かな宝物が納められている。
文学	歴史書…「古事記」「日本書紀」，歌集…(㉒　　　　　　　　)

⑤ 平安時代

● 794年，都が**平安京**（京都府）に移る。

●東北地方の支配…坂上田村麻呂を(㉓　　　　　　　)に任命。

●新しい仏教…**最澄**（天台宗），(㉔　　　　　)（真言宗）
↑比叡山に延暦寺を建てる　↑高野山に金剛峯寺を建てる

●(㉑)の停止…唐のおとろえ→菅原道真が(㉑)の停止を提案。

●藤原氏の政治…摂政や関白が中心の(㉕　　　　　　　)。

●国風文化…日本の風土や生活，感情に合った文化。

建築	貴族の住宅…寝殿造
文学	仮名文字…紫式部：(㉖　　　　　　)，清少納言：「枕草子」 紀貫之らがまとめた「古今和歌集」

●**浄土信仰**…念仏を唱えて阿弥陀如来にすがり，死後に極楽浄土に
生まれ変わることを願う。

→藤原頼通が造らせた阿弥陀堂：(㉗　　　　　　　　　)

ポイント 前方後円墳
前が方形，後ろが円形の古墳。

▲大仙古墳（仁徳陵古墳）
（大阪府堺市）

ポイント 中国の様子①
618年，隋がほろび，唐が中国を統一。日本は唐の政治のしくみを取り入れるようになる。

ポイント 口分田
戸籍に登録された6歳以上の人々にあたえられる土地。

ここに注意
「古事記」は「記」，「日本書紀」は「紀」。漢字に注意！

ポイント 中国の様子②
907年，唐がほろび，その後，宋が中国を統一。

ポイント 摂政・関白
摂政…幼い天皇に代わって政治を行う。
関白…成長した天皇を補佐する。
摂関政治は，藤原道長と子の頼通のときに全盛となる。

歴史 1

文明のおこりと古代国家の歩み

時間 (30) 分 目標 70 点

得点
　　　点

解答 別冊 p. 8

1 右の地図を見て，次の問いに答えなさい。　　　　　28点（各4点）

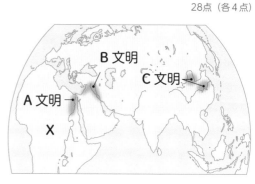

(1) 地図中の **X** の大陸に出現した，現在知られている最も古い人類を，次の**ア〜ウ**から選びなさい。
　　ア 猿人（えんじん）　イ 原人　ウ 新人
　　　　　　　　　　　　　　　　　　　（　　　　　）

(2) 打製石器を作り始め，火や言葉を使うようになった人類を，次の**ア〜ウ**から選びなさい。
　　ア 猿人　イ 原人　ウ 新人
　　　　　　　　　　　　　　　　　　　（　　　　　）

(3) 地図中の **A** 文明が発達した地域に流れる川の名前を答えなさい。　（　　　　　）

(4) 地図中の **B** 文明で使われた文字を答えなさい。　（　　　　　）

(5) 地図中の **C** 文明が発達した地域について，各問いに答えなさい。

　　① 紀元前16世紀ごろ，黄河（こうが）流域におこった国の名前を答えなさい。　（　　　　　）

　　② 紀元前6世紀ごろ，儒学（ホワンホー）（儒教）の教えを広めた人物の名前を答えなさい。

　　　　　　　　　　　　　　　　　　　（　　　　　）

　　③ 紀元前3世紀，中国を統一した秦（しん）の皇帝の名前を答えなさい。　（　　　　　）

2 次の文を読んで，あとの問いに答えなさい。　　　　　32点（各4点）

> 日本列島には1万数千年前から①縄文（じょうもん）土器を使用した人々が，狩りや漁，採集中心の生活をしていた。このころ，人々は②高床倉庫（たかゆか）に住み，祈りのための③埴輪（はにわ）を使ったり，④屈葬（くっそう）を行ったりするなど，呪術的（じゅじゅつ）な習慣があった。その後，⑤稲作（いなさく）が伝わると，人々は指導者のもとで集団生活をするようになり，各地に小さな国が生まれ，紀元前1世紀ごろには100余りの国があったことが中国の歴史書「⑥後漢書（ごかんじょ）」に書かれている。

(1) 下線部①〜⑥について，正しいものには○を，間違っているものは正しい言葉を答えなさい。
　　　① （　　　　　）　② （　　　　　）　③ （　　　　　）
　　　④ （　　　　　）　⑤ （　　　　　）　⑥ （　　　　　）

(2) 3世紀に邪馬台国（やまたいこく）を治めた女王の名前を答えなさい。
　　　　　　　　　　　　　　　　　　　（　　　　　）

(3) 右の資料は，稲作とともに大陸から伝わった青銅器の一つです。この道具の名前を答えなさい。　（　　　　　）

3 右の年表を見て，次の問いに答えなさい。

年・世紀	できごと
3～6世紀	A
593	B 聖徳太子（厩戸皇子）が政治を始める
645	C 大化の改新
673	D 天武天皇が政治を行う
701	E が定まる
710	F 平城京が造られる
794	G 都を平安京に移す

(1) 年表中の**A**にあてはまる内容を，次の**ア～エ**から選びなさい。

　　ア　白村江の戦いがおこる

　　イ　古墳が多く造られるようになる

　　ウ　推古天皇が政治を行う

　　エ　小野妹子が隋にわたる　　　　　　　（　　　　　）

(2) 年表中の**B**について，右の【法令】の名前を答えなさい。

　　　　　　　　　　　　　　　　　　（　　　　　　　　　）

(3) 年表中の**C**について，中臣鎌足とともに改革の中心となった人物の名前を答えなさい。　　（　　　　　　　　　）

(4) 年表中の**D**の天皇が即位するきっかけとなった戦いの名前を答えなさい。　　　　　　　（　　　　　　　　　）

(5) 年表中の**E**にあてはまる法令の名前を答えなさい。

　　　　　　　　　　　　　　　　　　（　　　　　　　　　）

【法令】

・一に曰く，和をもって貴しとなし，さからう（争う）ことなきを，宗とせよ。

・二に曰く，あつく三宝を敬え。三宝とは仏，法（仏の教え），僧なり。

(6) (5)の制定による社会の変化について，あてはまるものを次の**ア～エ**から選びなさい。

　　ア　全国を国に分け，中央から郡司が送られるようになった。

　　イ　北海道から九州までを支配する強大な国家となった。

　　ウ　唐の政治のしくみにならって律令国家となった。

　　エ　貴族が天皇を従える貴族中心の国家となった。　　　　　　　　　　　（　　　　　）

(7) 年表中**F**の時代に政治を行った聖武天皇について，次の文の（　　）にあてはまる言葉を答えなさい。

　　・聖武天皇は，（　　　　）の力で災害などの不安から国を守ろうとした。

　　　　　　　　　　　　　　　　　　　　　　　　　　　　（　　　　　　　　　）

(8) 年表中**F**の時代に，新しく開墾した土地の私有を認めた法令の名前を答えなさい。

　　　　　　　　　　　　　　　　　　　　　　　　　　　　（　　　　　　　　　）

(9) 年表中**G**の時代，藤原道長と頼通らが天皇に代わって行った政治を何とよぶか答えなさい。

　　　　　　　　　　　　　　　　　　　　　　　　　　　　（　　　　　　　　　）

(10) 年表中**G**の時代の遺物を，次の**ア～エ**から選びなさい。

　　　　　　　　　　　　　　　　　　　　　　　　　　　　（　　　　　）

ア　　　　　　　イ　　　　　　　　ウ　　　　　　　エ

武家政権の成立と中世の世界

解答 別冊 p.9

（　）にあてはまる語句を書きましょう。

① 武士のおこり

● 10世紀ごろから各地に**武士**が成長し始め，（①　　　　　　）を作るようになり，源氏と（②　　　　　　　　）が有力だった。

● 11世紀後半，白河天皇は子に天皇の位をゆずって**上皇**となり，政治を行った。このような政治を（③　　　　　　）という。

● 12世紀半ばにおこった保元の乱と平治の乱によって，源氏をたおした（④　　　　　　）は太政大臣となり，初めての武家政権を築いた。

② 鎌倉幕府と執権政治

● 1185年，源氏は壇ノ浦で（②）をたおすと，**源頼朝**は国ごとに軍事・警察を担当する（⑤　　　　　）と，荘園や公領ごとに現地を管理・支配する（⑥　　　　　）を置き，**鎌倉幕府**を開いた。

● 1192年，頼朝は征夷大将軍に任命されると政治のしくみを整備し，御家人と御恩と奉公の関係を結び，幕府政治の土台を築いた。

● 頼朝の死後，北条氏が（⑦　　　　　　）となり実権をにぎると，以後は（⑦）中心の政治が行われた（（⑦）政治）。

● 1221年，後鳥羽上皇は幕府をたおして朝廷の勢力を回復しようと兵を挙げたが，幕府軍に破れた。これを（⑧　　　　　　）という。以後，幕府は京都に**六波羅探題**を置いて朝廷を監視した。

● （⑦）の北条泰時は（⑨　　　　　　）（貞永式目）を制定。
↑1232年制定

● 農業では**二毛作**が始まり，交通の便利な場所では（⑩　　　　　　）が開かれた。

● 鎌倉時代には，写実的で力強い文化や新しい宗教が開かれた。

文学	「（⑪　　　　　　）」（藤原定家），「徒然草」（吉田兼好）「方丈記」（鴨長明），「（⑫　　　　　　）」…琵琶法師が広める
彫刻	（⑬　　　　　　）（運慶ら）
仏教	・念仏重視 ⇨（⑭　　　　　　）の浄土宗，親鸞の浄土真宗，一遍の時宗 ・題目重視 ⇨日蓮の日蓮宗（法華宗） ・座禅 ⇨禅宗…栄西の臨済宗，道元の曹洞宗

ポイント 武士の反乱
平将門の乱や藤原純友の乱を他の武士がしずめたことで，朝廷は武士の力を認めるようになっていった。

ポイント 保元の乱・平治の乱
天皇家のあとつぎ問題と藤原氏や源氏，平氏の内部対立による戦い。2つの乱によって，平清盛の力が増し，朝廷と平氏の結び付きが強まった。

ここに注意 御恩と奉公
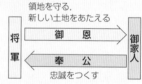

ポイント 新しい仏教
浄土宗，浄土真宗，時宗
→念仏「南無阿弥陀仏」を唱えれば極楽に行ける。

武士のほか，広く民衆に広まる。

日蓮宗，禅宗
→日蓮宗は題目「南無妙法蓮華経」を唱える，禅宗は座禅を組む。比較的，厳しい。

武士や商工業者に広まる。

③ ユーラシアの動きとモンゴルの襲来

- 13世紀初め，チンギス・ハンがモンゴル帝国を建設。5代皇帝の(⑮　　　　　　　)は元を建てると，北条時宗が(⑦)のとき二度にわたり北九州に襲来。これを元寇という。
- 元軍との戦いや分割相続によって生活が苦しくなった御家人に対し，幕府は(⑯　　　　　　　)を出すが効果が薄く，御家人の幕府への不満が高まった。幕府の力が弱まると，(⑰　　　　　　　)天皇は足利尊氏らを味方に付けて幕府をほろぼした。

④ 南北朝の動乱と室町幕府

- (⑰)天皇は天皇中心の(⑱　　　　　　　)を進めたが，足利尊氏が京都に新たな天皇を立てて，2つの朝廷が生まれ対立した。この時期を南北朝時代とよぶ。
- 1338年，足利尊氏は征夷大将軍に任命されると室町幕府を開いた。将軍の補佐役として(⑲　　　　　　　)が置かれた。
  ↓有力な守護大名が就いた
- 足利義満が始めた日明貿易は，倭寇と区別するため明が発行した通行証を使ったので，(⑳　　　　　　　)貿易とよばれる。
  ↑3代将軍
- 足利義政のあとつぎ問題をめぐる守護大名どうしの対立などが原因で，(㉑　　　　　　　)がおこった。この乱以降，各地で下剋上の風潮が広まり，(㉒　　　　　　　)大名が登場した。
  ↑8代将軍　　　　↑1467年から11年間続いた

- (㉒)大名は城下町を築き，独自の(㉓　　　　　　　)を定めて，領国を支配した。

⑤ 民衆の成長と室町文化

- 交通のさかんな所では，物資を運ぶ(㉔　　　　　　　)や問が活動した。
- 村では(㉕　　　　　　　)とよばれる自治組織が作られ，借金の帳消しなどを求めて土一揆をおこす農民も現れた。
- 室町文化…貴族の文化と禅宗の影響を受けた武士の文化が融合した文化。

建築	金閣…足利義満 銀閣…足利義政：東求堂同仁斎…(㉖　　　　　　　)の部屋
芸能	(㉗　　　　　　　)…観阿弥，世阿弥が大成，狂言の発達
文学 絵画	(㉘　　　　　　　)…雪舟，御伽草子（絵入りの物語）

ポイント 元寇
文永の役（1274年），弘安の役（1281年）では，御家人の活躍や暴風雨などにより元軍は退却した。

ポイント 分割相続
子孫全員に土地をゆずりわたす制度。子孫の土地は小さくなり，税収入だけでは生活できなくなっていった。

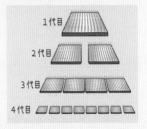

| 1代目 |
| 2代目 |
| 3代目 |
| 4代目 |

ポイント 倭寇
朝鮮や中国の沿岸部で海賊行為を行う西日本の武士や商人など。

ポイント 一揆
正長の土一揆…幕府に徳政令を要求。
山城国一揆…武士と農民が守護大名を追放し，8年間自治を行う。
加賀の一向一揆…浄土真宗（一向宗）の信者が守護大名をたおして約100年間自治を行う。

歴史2

武家政権の成立と中世の世界

1 右の年表を見て，次の問いに答えなさい。

47点（各3点，(3)②は5点）

(1) 年表中の**A**の白河天皇が行った政治を，次の**ア**～**エ**から選びなさい。

ア 藤原氏と協力して政治を行った。

イ 上皇となり院政を行った。

ウ 天皇に権力を集中して政治を行った。

エ 武士中心の政治を行った。　　　（　　　）

年・世紀	できごと
11 世紀	A 白河天皇の政治
1167	［ a ］が太政大臣になる
1192	［ b ］が征夷大将軍になる
	B 鎌倉幕府が開かれる
1232	C 政治の判断の基準となる法令が定まる
1274・1281	D 元軍が襲来する
1333	E 鎌倉幕府がほろびる

(2) 年表中の**a・b**にあてはまる人名を答えなさい。

a（　　　　　　　　）　b（　　　　　　　　）

(3) 年表中の**B**について，各問いに答えなさい。

① 右の図の**c**～**f**にあてはまる職名や組織名を，次の**ア**～**エ**から選びなさい。

ア 地頭　　**イ** 守護　　**ウ** 執権　　**エ** 侍所

c（　　　）d（　　　）e（　　　）f（　　　）

UP ② 右の図の六波羅探題が置かれるきっかけとなったできごとは何か，簡単に書きなさい。

（　　　　　　　　　　　　　　　　　　　）

(4) 年表中の**C**の法令の名前を漢字5字で答えなさい。

（　　　　　　　　）

(5) (4)の法令を定めた人物の名前を答えなさい。

（　　　　　　　　）

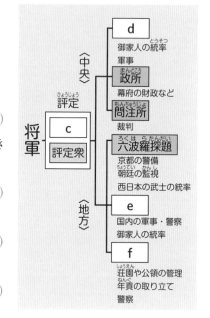

将軍

〈中央〉

評定　c　評定衆

d　御家人の統率　軍事

政所　幕府の財政など

問注所　裁判

六波羅探題　京都の警備　朝廷の監視　西日本の武士の統率

〈地方〉

e　国内の軍事・警察　御家人の統率

f　荘園や公領の管理　年貢の取り立て　警察

(6) 年表中の**D・E**について，各問いに答えなさい。

① 13世紀初めにできた，ユーラシア大陸の東西にまたがる国の名前を答えなさい。

（　　　　　　　　）

② 元軍の襲来のときの皇帝の名前を答えなさい。　　　　　　　（　　　　　　　　）

③ 元軍の襲来のときの執権の名前を答えなさい。　　　　　　　（　　　　　　　　）

④ 元軍の二度の襲来を何とよぶか，答えなさい。　　　　　　　（　　　　　　　　）

⑤ 元軍の襲来のあとの鎌倉幕府について，あてはまるものを次の**ア**～**エ**から選びなさい。

ア 元軍と戦った御家人に，奪った領土を均等にあたえた。

イ 元軍と同盟を結び，大陸へと進出した。

ウ 御家人の幕府への不満が高まり，幕府の力がおとろえていった。

エ 御家人の幕府への信頼が高まり，幕府の力は増していった。　　　（　　　）

2 次のカードを読んで，あとの問いに答えなさい。

A	B	C
わたしは2つの朝廷を統一して，幕府政治を進めた。a明との貿易によって幕府財政も豊かになり，室町幕府の全盛時代を築いたのだ。	わたしは鎌倉幕府をたおしてb天皇中心の政治を進めたのだが，うまくいかず，武士が反乱をおこすと，吉野（奈良県）にのがれたのだ。	わたしは（　　）に新しい天皇を立てて朝廷を開くと，征夷大将軍に任命されて室町幕府を開いたのだ。

(1) 下線部aの日明貿易では，明が発行した通行証を持つ船が正式な貿易船と認められたが，このことから何貿易とよばれたか答えなさい。　（　　　　　　　）

(2) 下線部bの政治を何とよぶか答えなさい。　（　　　　　　　）

(3) カードCの（　　）にあてはまる地名を，次のア〜エから選びなさい。

ア　大阪　　イ　京都　　ウ　奈良　　エ　鎌倉　　（　　　　　　　）

(4) カードA〜Cの「わたし」にあてはまる人物の名前をそれぞれ答えなさい。

A（　　　　　　　）　B（　　　　　　　）　C（　　　　　　　）

(5) カードA〜Cを，時代の古い順に並べかえなさい。　（　　　）→（　　　）→（　　　）

(6) カードA〜Cの人物が活躍したあとに戦国大名が登場するが，どのようにして戦国大名が登場したかを「室町幕府」「応仁の乱」「下剋上」の3語を使って，簡単に書きなさい。

（　　　　　　　　　　　　　　　　　　　　　　　　　　　　　　　　　　）

3 次の文を読んで，あとの問いに答えなさい。

> 　鎌倉時代になると新しい仏教が広まった。なかでも法然の（　①　）や親鸞の（　②　）は武士のほかにも広く農村にまで広まった。また，この時代は写実的で力強い文化が栄え，東大寺南大門に収められている運慶らが作った（　③　）が代表的である。室町時代になると，貴族の文化と禅宗の影響を受けた武士の文化が融合した文化が栄え，その代表が金閣や銀閣である。

(1) 文中の①・②にあてはまる仏教の宗派の名前と③にあてはまる言葉を答えなさい。

①（　　　　　　　）　②（　　　　　　　）　③（　　　　　　　）

(2) 文中の下線部の敷地にある東求堂同仁斎の住宅様式を何というか答えなさい。　（　　　　　　　）

(3) 右の写真のような絵画を何とよぶか答えなさい。　（　　　　　　　）

(4) 右の写真の絵画の作者を答えなさい。　（　　　　　　　）

歴史3

ヨーロッパ人の来航と 近世日本の動き

（　）にあてはまる語句を書きましょう。

① ヨーロッパの動き

● 14世紀から16世紀にかけて，イタリアから西ヨーロッパに広まった文芸復興の風潮を（① 　　　　　）という。
　↑レオナルド・ダ・ビンチやミケランジェロらが活躍

● **ルター**や**カルバン**はカトリック教会を批判し（② 　　　　　）を始めた。これに対抗しカトリック教会は（③ 　　　　　）を創設し，海外布教を進めた。
　↑ローマ教皇を頂点とするキリスト教

② ヨーロッパ人の来航と安土桃山時代

● 1543年，ポルトガル人を乗せた船が種子島（鹿児島県）に漂着し，（④ 　　　　　）を伝え，1549年，（③）の宣教師（⑤ 　　　　　）がキリスト教を伝えた。以後，**南蛮貿易**がさかんになる。
　スペイン人やポルトガル人を南蛮人とよんだ↑

● **織田信長**と**豊臣秀吉**の全国統一事業

織田信長	桶狭間の戦い→室町幕府をほろぼす→長篠の戦い→安土城築城 ↑今川氏をたおした　　　　　　　　　　↑大量の鉄砲を使い武田氏をたおした （⑥ 　　　　　）…経済発展を図るための政策
豊臣秀吉	大阪城築城→九州，関東，東北を平定（全国統一の完成） 太閤検地…田畑の面積などを調べ石高で表す （⑦ 　　　　　）…百姓や寺社から武器を取り上げる 太閤検地・（⑦）⇨兵農分離

● **桃山文化**

建築	天守，石垣をもつ壮大な城…大阪城，姫路城など
絵画	ふすまや天井の濃絵…（⑧ 　　　　　）などの画家 ↑「唐獅子図屏風」の作者
芸能	茶の湯…（⑨ 　　　　　）がわび茶を完成

③ 江戸幕府の成立と鎖国

● 1603年，関ヶ原の戦いで勝利した（⑩ 　　　　　）が**江戸幕府**を開く。

● 幕藩体制を整えた幕府は，（⑪ 　　　　　）を定め，3代将軍**徳川家光**は，（⑫ 　　　　　）を制度として付け加えた。

● **朱印船貿易**で各地に日本町ができる→**島原・天草一揆**（1637年）→幕府による禁教・貿易統制・外交独占→（⑬ 　　　　　）の完成。

ポイント 大航海時代
15世紀になると，キリスト教の布教とアジアの香辛料を手に入れるために大航海時代が始まった。
コロンブス（西インド諸島に到達）
バスコ・ダ・ガマ（インドへ到達）
マゼランの船隊（世界一周）

ポイント 兵農分離
武士と農民の身分の区別が明確になった。この身分のしくみは江戸時代の武士と百姓，町人の身分制度に引きつがれた。

ポイント 幕藩体制による大名配置
大名を3つに分けて配置。
親藩（徳川家の一族）
譜代大名（古くからの徳川家の家臣）
外様大名（関ヶ原の戦いのころからの家臣）

ポイント 4つの窓口
鎖国下における幕府の外交窓口。
・長崎の出島…オランダ
・対馬藩（長崎県）…朝鮮
・薩摩藩（鹿児島県）…琉球
・松前藩（北海道）…アイヌ民族

④ 江戸時代の産業

● 新しい農具の開発によって生産力が向上し，農村では米以外の
↑効率的に脱穀を行える千歯こきなど
（⑭　　　　　　　　）が生産され，貨幣を得るようになっていった。

● 江戸，大阪，京都の三都が発展し，（⑮　　　　　　　　）や海路の
↑東海道や中山道など
整備によって，各地の町も発展していった。

ポイント　海路の整備

・南海路…大阪と江戸を結ぶ

・西廻り航路…東北地方と大阪を結ぶ

・東廻り航路…東北地方と江戸を結ぶ

⑤ 幕府政治の変化

● 徳川綱吉…貨幣の質を落とす政策，極端な動物愛護の政策
↑5代将軍

●（⑯　　　　　　　　）…貨幣の質をもとにもどすなどの政策（正徳の治）

幕政の改革	（⑰　　　　　　　）の改革（18世紀前半）	徳川吉宗↑8代将軍	公事方御定書…裁判の基準上げ米の制，目安箱
	田沼の政治（18世紀後半）	田沼意次↑老中	株仲間の奨励，わいろの横行
	（⑱　　　　　　　）の改革（18世紀後半）	松平定信↑老中	農民を故郷に帰し米をつくらせる旗本や御家人の借金を帳消し
	（⑲　　　　　　　）の改革（19世紀半ば）	水野忠邦↑老中	倹約令，株仲間の解散，江戸に出稼ぎに来ている農民を帰す

● 外国船の接近に対し，幕府は（⑳　　　　　　　　）を出した。

● 百姓一揆や打ちこわしが多くおこるなか，大塩平八郎は大商人を
↑大阪町奉行所の元役人
おそう乱を起こした。これを（㉑　　　　　　　　）という。

ポイント　上げ米の制

大名の参勤交代で江戸にいる期間を1年から半年にするかわりに，1万石につき100石の米を幕府に納めさせる制度。

ここに注意

百姓一揆と打ちこわし

・百姓一揆…百姓が年貢の軽減などを求めておこす。

・打ちこわし…都市部の人々が，商人などに対しておこす。

⑥ 江戸時代の学問と文化

元禄文化…上方（大阪・京都）中心（17世紀末〜18世紀初め）		
文芸	・浮世草子…井原西鶴　・俳諧（俳句）…松尾芭蕉・人形浄瑠璃の脚本…（㉒　　　　　　　）・歌舞伎	
絵画	・装飾画…尾形光琳　・浮世絵…菱川師宣	
化政文化…江戸中心（19世紀初め）		
文芸	・「東海道中膝栗毛」…十返舎一九　・「南総里見八犬伝」…曲亭（滝沢）馬琴　・俳諧（俳句）…与謝蕪村・小林一茶	
絵画	・錦絵…風景画：（㉓　　　　　　　），歌川広重美人画：喜多川歌麿	

● 18世紀，国学がさかんになり，（㉔　　　　　　　）は「古事記伝」を著し，国学を大成。

● ヨーロッパの学問を学ぶ蘭学が広まり，杉田玄白らは「解体新書」を出版，（㉕　　　　　　　）は正確な日本地図を作った。

ポイント　教育の広がり

・藩校…藩が創立した学校

・寺子屋…町や農村で読み・書き・そろばんを教える学校。

ポイント　浮世絵と錦絵

浮世絵は黒1色，または2〜3色の木版画だが，18世紀後半になると，多色刷りの錦絵が登場した。

ヨーロッパ人の来航と 近世日本の動き

時間 **30** 分 ｜ 目標 **70** 点 ｜ 得点　　　　　点

解答 別冊 p.10

1 右の年表を見て，次の問いに答えなさい。　　　　46点 （各3点，(1)②・(6)①は5点）

年	できごと
1549	**A** キリスト教が伝わる
1590	**B** 豊臣秀吉(とよとみひでよし)が全国を統一する
1603	[　a　] が征夷大将軍(せいいたいしょうぐん)になる
1615	**C** 武家諸法度(ぶけしょはっと)が定まる
1641	**D** 鎖国(さこく)が完成する

(1) 年表中の**A**について，各問いに答えなさい。

① 日本にキリスト教を伝えた宣教師の名前を答えなさい。　（　　　　　　　　　　　）

② ①の宣教師がアジアでキリスト教を布教することになった理由を，「カトリック教会」「イエズス会」の2語を使って，次の文に続けて書きなさい。

・ヨーロッパで宗教改革がおこると，

（　　　　　　　　　　　　　　　　　　　　　　　　　　　　　　　　　　　）

(2) 年表中の**B**の豊臣秀吉が検地と刀狩(かたながり)を行ったことで，武士と農民の区分が明確になったことを何というか答えなさい。　　　　　　　　　　　　　（　　　　　　）

(3) わび茶を完成させた，織田信長(おだのぶなが)や豊臣秀吉に仕えた人物の名前を答えなさい。

（　　　　　　）

(4) 年表中の [　a　] にあてはまる人物の名前を答えなさい。　（　　　　　　）

(5) (4)の人物が奨励(しょうれい)した東南アジアでの貿易を何というか答えなさい。　（　　　　　　）

(6) 年表中の**C**について，各問いに答えなさい。

① 右の資料は武家諸法度の一部です。このような内容を大名に守らせた理由を，簡単に書きなさい。

（　　　　　　　　　　　　　　　）

> 諸国(しょこく)の城は，修理する場合であっても，必ず幕府に申し出ること。新しい城を造ることは厳しく禁止する。
>
> （部分要約）

② この法令に徳川家光(とくがわいえみつ)が付け加えた制度を，漢字4字で答えなさい。　　　　　　　　（　　　　　　）

(7) 年表中の**D**について，右の地図の**ア〜エ**は鎖国下における幕府の4箇所(か)の外交窓口を示しています。次の①〜④にあてはまる場所を**ア〜エ**から選びなさい。

① 朝鮮(ちょうせん)との貿易を担当していた。

② アイヌの人々と交易をしていた。

③ オランダと貿易をしていた。

④ 琉球(りゅうきゅう)を支配して，琉球と清(しん)との貿易を管理した。

①（　　　）②（　　　）③（　　　）④（　　　）

(8) オランダと貿易を行うための商館が置かれた人工島を何とよぶか答えなさい。　（　　　　　　）

(9) 朝鮮から将軍の代がわりなどに派遣(はけん)される祝いの使節を何というか答えなさい。　（　　　　　　）

2 次の図を見て，あとの問いに答えなさい。

24点（各3点）

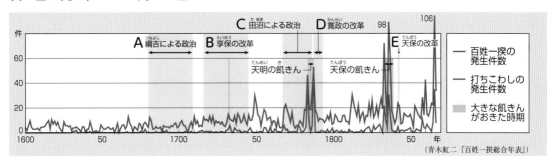

▲百姓一揆・打ちこわしの発生件数の推移

(1) 図中の**D**や**E**の改革はどのような時期に行われたか，図を読み取って簡単に書きなさい。

　（　　　　　　　　　　　　　　　　　　　　　　　　　　　　　　　　　　　）

(2) 次の①〜⑦にあてはまるものを，図中の**A**〜**E**から選びなさい。

　① 老中の水野忠邦が中心に進めた。　　　　　　　　　　　（　　　　）

　② 8代将軍徳川吉宗が中心に進めた。　　　　　　　　　　（　　　　）

　③ 老中の松平定信が中心に進めた。　　　　　　　　　　　（　　　　）

　④ 幕府の学校では，朱子学以外の儒学を禁止した。　　　（　　　　）

　⑤ 極端な動物愛護の政策を行った。　　　　　　　　　　　（　　　　）

　⑥ 株仲間の結成を奨励した。　　　　　　　　　　　　　　（　　　　）

　⑦ 上げ米の制を行った。　　　　　　　　　　　　　　　　（　　　　）

3 次の文を読んで，あとの問いに答えなさい。

30点（各3点）

> 　17世紀末になると（　①　）を中心に（　②　）を担い手とする文化が栄えた。（　③　）が書く脚本をもとにした人形浄瑠璃や（　④　）の浮世草子は，（②）にとても人気があった。
> 　19世紀になると文化の中心は（　⑤　）に移り，（②）だけではなく広く庶民が文化の担い手となった。人々は（　⑥　）の「東海道中膝栗毛」や（　⑦　）の風景画を店で買い求めた。

(1) 文中の①〜⑦にあてはまる人名や言葉を，次の**ア**〜**コ**から選びなさい。

　ア 井原西鶴　　**イ** 十返舎一九　　**ウ** 武士　　**エ** 大名　　**オ** 町人
　カ 近松門左衛門　　**キ** 尾形光琳　　**ク** 歌川広重　　**ケ** 江戸　　**コ** 上方

　①（　　　　）②（　　　　）③（　　　　）④（　　　　）⑤（　　　　）⑥（　　　　）⑦（　　　　）

(2) 右の絵画を描いた「浮世絵の祖」といわれる人物の名前を答えなさい。

　　　　　　　　　　　　　　　　　　（　　　　　　　　　　　）

(3) 「古事記伝」を著し，国学を大成した人物の名前を答えなさい。

　　　　　　　　　　　　　　　　　　（　　　　　　　　　　　）

(4) 蘭学を学び，正確な日本地図を作った人物の名前を答えなさい。

　　　　　　　　　　　　　　　　　　（　　　　　　　　　　　）

歴史4

近代日本の成立と世界の動き

月／日

解答 別冊 p.11

（　）にあてはまる語句を書きましょう。

① 欧米の近代化

● 17世紀から18世紀にかけて，ロック，モンテスキュー，

（①　　　　　　　　）らが啓蒙思想を唱え，市民革命を後おしした。

市民革命	イギリス 17世紀	ピューリタン革命 ⇨ 名誉革命…「（②　　　　　　　　　）」を制定 ⇨ 国王の専制政治から議会を尊重する政治へ
	フランス 1789年	フランス革命…（③　　　　　　　　　）を発表…自由, 平等, 国民主権などを認めさせた。
	アメリカ 1776年	イギリスからの独立宣言を発表

● 18世紀後半，イギリスで（④　　　　　　　）がおこると，経営者となった資本家が労働者を雇って利益を目指す

（⑤　　　　　　　　）が広まったが，その後，**社会主義**の考えが芽ばえた。
↑資本主義によって生じた格差や貧困をなくす考え

● イギリスはアヘン戦争で清を破ると，（⑥　　　　　　　　）を結んで，ホンコンを手に入れ，清から賠償金を得た。また，**インド大反乱**を鎮圧したのち，インドを植民地とした。
↑清，インドと三角貿易を行っていた

② 開国と江戸幕府の滅亡，明治維新

● ペリーが浦賀に来航した翌年（1854年），（⑦　　　　　　　）条約を結び，1858年には（⑧　　　　　　　）条約を結んだ。
↑神奈川県　↑領事裁判権を認め, 日本に関税自主権がない（不平等条約）

● 尊王攘夷運動の高まり→**桜田門外の変**→薩英戦争や下関戦争→攘夷から倒幕へ→薩摩藩と長州藩は（⑨　　　　　　　）を結んで倒幕へ。
↑天皇を尊び, 外国勢力を追い払う考え　↑通商条約を結んだ大老の井伊直弼が暗殺された事件　↑坂本龍馬らの仲介で成立

● 徳川慶喜は（⑩　　　　　　　）を行い，その後，朝廷は**王政復古の大号令**を出して徳川氏の力をうばった。→**戊辰戦争**で旧幕府軍が敗れる。
↑第15代将軍　↑政権を天皇に返し, 江戸幕府はほろんだ　↑旧幕府軍が新政府軍を相手におこした戦い

● 1868年，**五箇条の御誓文**を出して，新しい政治の方針とした。

● 中央集権国家を築くために版籍奉還ののち（⑪　　　　　　　）を実施。
↑全国の藩を廃止して府県を配置する

● 三大改革…学校制度を定めた**学制**，満20歳になった男子の兵役の義務を定めた（⑫　　　　　　　），新しい税制の**地租改正**。
↑1872年制定　↑1873年制定　↑1873年から実施

ポイント 啓蒙思想

ものごとを合理的にとらえる考えから，絶対王政を批判し，人民の政治参加に影響をあたえた思想。

ポイント 市民革命後のヨーロッパ

ヨーロッパでは徴兵制や義務教育が普及。フランスでは男子普通選挙を実施，イギリスでは政党政治が発達した。

ポイント ロシアとアメリカの動き

・ロシア…不凍港（冬でも凍らない港）を求めて南下政策を実行するなか，フランスやイギリスと対立。

・アメリカ…1861年，南北戦争がおこり，リンカン大統領の率いる北部が勝利。

ポイント 雄藩（力のある藩）のおもな人物

・薩摩藩…西郷隆盛, 大久保利通

・長州藩…木戸孝允

ポイント 地租改正

安定した税収を得るために，土地の所有者と地価（土地の価格）が書かれた地券を発行し，土地の所有者には収穫高ではなく地価の3％を現金で納めさせた。

●政府は**富国強兵**政策を進め，強い軍隊を作る一方で**官営模範工場**
を造るなどの(⑬　　　　　　　　)政策を進めた。
↑富岡製糸場（群馬県）

・政府は**岩倉使節団**を派遣し，欧米の政治や産業を視察した。
↑江戸時代に結んだ不平等条約の改正が目的

③ 自由民権運動と立憲国家

●**大久保利通**の専制政治に対して，(⑭　　　　　　)らは**民撰議**
議会を開くことを要求▶
院設立の建白書を政府に提出すると，**自由民権運動**が高まった。

●**内閣制度**ができると(⑮　　　　　　)は初代内閣総理大臣（首
相）となり，1889 年，**大日本帝国憲法**が発布された。
↑天皇に主権があり，国民の権利は制限付きで認められた

④ 日清・日露戦争と条約改正

●**日清戦争**…(⑯　　　　　　　　)条約：清は朝鮮の独立を承認，日
↑1894〜95年
本は遼東半島・台湾などの領有，賠償金を得る。→**三国干渉**
↑リアオトン

●**日露戦争**…(⑰　　　　　　　　)条約：日本は韓国での優越権と南
↑1904〜05年
樺太・南満州鉄道の権利などを得た。

●1894 年，**陸奥宗光**外相が(⑱　　　　　　　)の撤廃に成功。

●1911 年，**小村寿太郎**外相が(⑲　　　　　　　)の回復に成功。

⑤ 日本の大陸進出と産業の発達，明治の文化

●日本は韓国を植民地とした。これを(⑳　　　　　　　　)という。
↑1910年

●中国では**三民主義**を唱えた(㉑　　　　　　)が清をたおし，**中**
↑民族の独立（民族），政治的な民主化（民権），民衆の生活の安定（民生）
華民国を建国した（**辛亥革命**）。

●1880 年代後半，軽工業を中心に（④）がおこり，**八幡製鉄所**
が操業したのち，重工業でも（④）がおこった。

●産業の発達とともに，(㉒　　　　　　　)に成長していく資本家
も現れた。

●資本主義が発達すると賃金や労働時間，労働条件などの労働問題
や，公害問題も発生した。

●**明治の文化**…欧米の思想や文化を受け入れる。

絵画彫刻	・日本画…横山大観　・西洋画…(㉓　　　　　　　) ↑「読書」「湖畔」 ・彫刻…高村光雲 ↑老猿
文学	・「たけくらべ」…樋口一葉　・「舞姫」…森鷗外 ・「吾輩は猫である」「坊っちゃん」…(㉔　　　　　)
科学	・細菌学…北里柴三郎，野口英世（**黄熱病**の研究）

ポイント **清，朝鮮，ロシア**
との関係

・清…日清修好条規

・ロシア…樺太・千島交換
条約

・朝鮮…日朝修好条規

ポイント **征韓論**

日本と国交を結ばない朝鮮
に対して，武力で開国をせ
まる考え方。西郷隆盛と板
垣退助は征韓論を主張した
が，大久保利通に反対され，
二人は政府を去った。

ポイント **西南戦争**

西郷隆盛を中心に西南戦争
がおきたが，政府軍によっ
て鎮圧された。

ポイント **三国干渉**

1895 年，ロシアがドイツ，
フランスとともに，日本が
得た遼東半島を清に返還す
るように勧告した。

ここに注意
貴族院と衆議院

議会は二院制で，選挙で選
ばれたのは衆議院議員の
み。貴族院は天皇が任命し
た議員など。

ポイント **選挙権**

初めは，地租などの直接国
税 15 円以上納める満 25
歳以上の男子に限られ，有
権者は総人口の 1.1％だっ
た。女性には選挙権はあた
えられなかった。

近代日本の成立と世界の動き

時間 30 分 ｜ 目標 70 点

得点　　　　　点

解答 別冊 p.11

1 次の文を読んで，あとの問いに答えなさい。

16点（各4点）

　17 〜 18 世紀のヨーロッパでは国王が専制的な政治を行うなか，啓蒙（けいもう）思想が広まり a 市民革命がおこり，人民が自らの手で権利を獲得（かくとく）していった。一方，18 世紀後半には b 産業面でも大きな変革がおこり，新しく c 資本主義を土台とした社会が誕生した。

(1) 下線部 a について，各問いに答えなさい。

① イギリスでおきた名誉（めいよ）革命の翌年に定められた法典の名前を答えなさい。　（　　　　　　　）

② 右の資料を発表した革命の名前を答えなさい。
（　　　　　　　）

> 1．人間は，生まれながらにして自由かつ平等な権利を持っている。
> 3．すべて主権は，本来人民（国民）にある。　（一部要約・抜粋（ばっすい））

(2) 下線部 b について，イギリスで始まった工業での技術向上による経済のしくみの変化を何とよぶか答えなさい。　（　　　　　　　）

(3) 下線部 c の資本主義によって生じた問題を解決するために芽ばえた考えを何主義というか答えなさい。　（　　　　　　　）

2 右の年表と資料を見て，次の問いに答えなさい。

30点（各3点）

(1) 年表中の a・b にあてはまる人名や言葉を答えなさい。

a（　　　　　　　）　b（　　　　　　　）

(2) 下線部 c を何というか答えなさい。
（　　　　　　　）

(3) 下線部 d について，各問いに答えなさい。

① 強い軍隊を作るために出された法令を何というか答えなさい。　（　　　　　　　）

② 右の資料の e にあてはまる言葉を答えなさい。
（　　　　　　　）

③ 右の資料が発行されることになった改革の名前を答えなさい。　（　　　　　　　）

(4) 次の①〜④のできごとがおきた時期を，年表中のあ〜えから選びなさい（同じ記号を選んでもかまいません）。

① 桜田門外（さくらだもんがい）の変（　　　）　② 廃藩置県（はいはんちけん）（　　　）

③ 五箇条の御誓文（ごかじょうのごせいもん）（　　　）　④ 日米和親条約（　　　）

年	できごと
1853	a が浦賀（うらが）に来航する
	↕ あ
1858	b 条約を結び通商を認める
	↕ い
1867	c 将軍が政権を天皇に返す
	↕ う
1872・73	政府による d 三大改革が始まる
	↕ え

資料

3 右の資料を見て，次の問いに答えなさい。

(1) 右の資料は，何の条文か答えなさい。（　　　　　　　　　）

(2) 資料中の□にあてはまる言葉を答えなさい。

（　　　　　　　　　）

(3) この条文の草案を作り，初代内閣総理大臣となった人物の
名前を答えなさい。　　　　　（　　　　　　　　　）

(4) 次のア～エのできごとを，おきた順に並べかえなさい。

　　ア　国会期成同盟が結成される　　イ　内閣制度ができる

　　ウ　民撰議院設立の建白書が提出される　　エ　第一回衆議院議員選挙が実施される

（　　　）→（　　　）→（　　　）→（　　　）

> 第1条　大日本帝国ハ
> 万世一系ノ□之ヲ
> 統治ス
> 第3条　□ハ神聖ニ
> シテ侵スベカラズ

---

4 右の絵を見て，次の問いに答えなさい。

22点（各2点）

(1) A・Bが表している戦争の名前を，それぞれ答えなさい。

A（　　　　　　）　B（　　　　　　）

(2) A・Bの戦争の講和条約の名前を，それぞれ答えなさい。

A（　　　　　　）　B（　　　　　　）

(3) Aの戦争が終わったあと，a国，ドイツ，フランスが日本に遼東半島を清に返すように要求したことを何というか答えなさい。　　　　　（　　　　　　　　　）

(4) 日本とb国の間で結ばれた同盟の名前を答えなさい。

（　　　　　　　　　）

(5) Aの戦争で得た賠償金をもとに建設された製鉄所の名前を答えなさい。　　　　　（　　　　　　　　　）

(6) Bの戦争のあと，日本の社会がどのように変化していったかについて，正しいものには○を，間違っているものには×をつけなさい。

① 欧米諸国との不平等条約の改正がすべて達成された。（　　　）

② 紡績や製糸などの軽工業が発達し，重工業は発達しなかった。（　　　）

③ 官営工場が多くつくられ，賃金や労働条件などの社会問題は発生しなかった。（　　　）

④ 日本は韓国を併合し，植民地とした。（　　　）

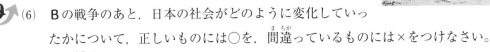

---

5 次の問いに答えなさい。

16点（各4点）

(1) 「吾輩は猫である」の作者を答えなさい。（　　　　　　）

(2) 「たけくらべ」の作者を答えなさい。（　　　　　　）

(3) 黄熱病の研究をした科学者を答えなさい。（　　　　　　）

(4) 右の写真の彫刻の作者を答えなさい。（　　　　　　）

二度の世界大戦，現代の日本と世界

月 / 日

解答 別冊 p.12

（　）にあてはまる語句や数字を書きましょう。

① 第一次世界大戦

- ●ヨーロッパでは，**三国協商**と（①　　　　　　　　）の対立から，1914 年，**第一次世界大戦**が始まった。日本はドイツに宣戦布告し，大陸進出を目指して中国に（②　　　　　　　　）を提示した。
- ●1917 年，ロシアでは社会主義者レーニンの指導で（③　　　　　　　　）がおこり，1922 年に**ソビエト社会主義共和国連邦（ソ連）**が誕生。

② 第一次世界大戦後の世界と日本

- ●1919 年，**パリ講和会議**が開かれ（④　　　　　　　）条約が結ばれた。
- ●1920 年，**ウィルソン大統領**の提案で（⑤　　　　　　　　）が発足。
- ●中国では帝国主義に反対する（⑥　　　　　　　）運動がおこり，朝鮮では日本からの独立を目指して（⑦　　　　　　　）運動がおこった。
  ↑1919年5月4日
  ↑1919年3月1日
- ●大正時代になると，藩閥中心の政治を批判して，憲法に基づく政治を目指す第一次（⑧　　　　　　　）がおこった。
  ↑薩摩藩や長州藩など一部の有力な藩の出身者たちのグループ
- ●**原敬**は本格的な（⑨　　　　　　　）を組織した。その後，政党を無視した内閣が成立すると第二次（⑧）がおこり，1925 年，加藤内閣によって（⑩　　　　　　　）が成立した。
  ↑満25歳以上の男子に選挙権をあたえる
- ●経済が発展すると労働争議や小作争議が増えていった。1922 年には差別からの解放を目指す（⑪　　　　　　　）が結成された。女性運動では**平塚らいてう**が，新婦人協会を設立した。

③ 世界恐慌と日本の中国侵略

- ●1929 年，アメリカから広がった**世界恐慌**に対し，アメリカでは**ニューディール**，イギリスやフランスでは（⑫　　　　　　　）で不景気からの脱却を図った。
  ↑（新規まき直し）
- ●イタリアではムッソリーニが，ドイツでは（⑬　　　　　　　）率いるナチスが独裁を行い，民主主義を否定した**ファシズム**国家となった。

ポイント 20 世紀初めの国際関係

第一次世界大戦はオーストリアがセルビアに宣戦布告したことから始まった。日本は日英同盟を結んでいたため三国協商（連合国）側につき，ドイツに宣戦布告した。三国同盟の一員であったイタリアも連合国側についた。

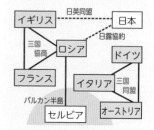

ポイント 治安維持法

普通選挙法によって共産主義者が選挙に参加することが可能となったため，政府は治安維持法を定めて，取りしまった。

ポイント 各国の恐慌対策

- ・アメリカ…ニューディールで公共事業をおこして失業者を助けるなど。
- ・イギリスやフランス…植民地との貿易によって経済を立て直すブロック経済を導入。
- ・ソ連…独自の五か年計画を実施しており，世界恐慌の影響をほとんど受けなかった。

●日本は不景気から抜け出すため 1931 年，南満州鉄道の爆破事件をきっかけに(⑭　　　　　　)をおこし，満州国を建国した。

●1932 年，(⑮　　　　　　)で犬養毅首相が暗殺され，1936 年に二・二六事件がおこると軍部の力が増していった。
↑政党政治が終わった

●日中戦争が始まると国家総動員法が制定され，政党は大政翼賛会という一つの組織に吸収された。

④ 第二次世界大戦と太平洋戦争

●1939 年，(⑯　　　　　　)がポーランドに侵攻すると，イギリス・フランスが (⑯) に宣戦布告して第二次世界大戦が始まった。

●1941 年，日本はアメリカ，イギリスに宣戦布告し太平洋戦争が始まった。

●ヨーロッパでは連合国軍の攻撃に対し，イタリアとドイツが降伏。
↑1943 年 9 月　　↑1945 年 5 月

●日本は，1945 年 8 月に広島・長崎に(⑰　　　　　　)が投下され，ポツダム宣言を受け入れて降伏した。

⑤ 戦後の日本と世界

●日本は連合国軍に占領され，(⑱　　　　　　)を最高司令官とする GHQ の指示のもと戦後改革が行われた。
↑連合国軍最高司令官総司令部の略

戦後改革	選挙法改正	満(⑲　　)歳以上のすべての男女に選挙権
	財閥解体	経済を支配してきた財閥を解体
	(⑳　　　　　)	自作農の増加
	日本国憲法	国民主権，(㉑　　　　　)の尊重，平和主義

●世界の平和と安全を維持するために(㉒　　　　　　)を創設。
↑1945 年 10 月

●アメリカを中心とする資本主義の西側と，ソ連が率いる共産主義の東側が対立し，冷たい戦争 ((㉓　　　　　　)) が始まる。

●1951 年，(㉔　　　　　　)内閣はアメリカなど 48 か国とサンフランシスコ平和条約を結び，日本は独立を回復した。

●1955 年からの(㉕　　　　　　)で，日本の国民総生産 (GNP) はアメリカに次ぎ第 2 位となったが，1973 年の
↑1968 年
(㉖　　　　　　)で (㉕) は終わった。1980 年代後半にはバ
↑ (オイルショック)　　　　　　　　　　　　　　1991 年崩壊 ↑
ブル経済が発生。2008 年には世界金融危機が深刻化した。

●(㉓) の終結後，現在はグローバル化 (世界の一体化) が進行。

第1日 第2日 第3日 第4日 第5日 第6日 第7日 第8日 第9日 第10日

ポイント **日独伊三国同盟**
1940 年，日本はドイツ，イタリア (枢軸国) と同盟を結び，イギリスやアメリカなどの連合国と対立した。

ポイント **太平洋戦争**
日本軍はアメリカのハワイの真珠湾にある海軍基地を攻撃し，石油を求めてイギリス領のマレー半島に上陸したことで開戦となった。

ポイント **冷たい戦争**
西側は北大西洋条約機構 (NATO)，東側はワルシャワ条約機構をつくり，対立した。

ポイント **日米安全保障条約**
サンフランシスコ平和条約と同時に結んだ条約で，アメリカ軍基地が日本に残されることになった。

ポイント **近隣諸国との関係**
・大韓民国…1965 年，日韓基本条約を結ぶ。
・中国…1972 年，日中共同声明に調印し，国交を正常化。1978 年，日中平和友好条約を結ぶ。

ポイント **主要国首脳会議 (サミット)**
主要先進国が参加して国際的な政治・経済問題を解決する。現在は中国やインドなどを加えた G20 サミットも開かれている。

二度の世界大戦，現代の日本と世界

1 右の年表を見て，次の問いに答えなさい。　　　　　　　　54点（各3点）

(1) 年表中の **A ～ D** にあてはまる言葉を答えなさい。

　　　 A （　　　　　　　） B （　　　　　　）

　　　 C （　　　　　　　） D （　　　　　　）

(2) 下線部 **a** について，日本の動きを次の**ア～エ**から
　　選びなさい。

　　 ア 連合国として，イギリスに宣戦布告した。

　　 イ 連合国として，ドイツに宣戦布告した。

　　 ウ 同盟国として，アメリカに宣戦布告した。

　　 エ 同盟国として，ドイツに宣戦布告した。

　　　　　　　　　　　　　　　　　　（　　　　　）

年	できごと
1914	a 第一次世界大戦が始まる
	⬍ あ
1919	⬚ A ⬚ 条約が結ばれる
	⬍ い
1929	b 世界恐慌が始まる
	⬍ う
1931	c 満州事変が始まる
	⬍ え
1937	⬚ B ⬚ 戦争が始まる
	⬍ お
1941	⬚ C ⬚ 戦争が始まる
	⬍ か
1945	⬚ D ⬚ を受け入れて降伏する

(3) 第一次世界大戦前後の日本について，各問いに答
　　えなさい。

　　① 憲法に基づく政治を目指す運動を何というか答えなさい。　　　　　（　　　　　　　　　）

　　② 初めての本格的な政党内閣をつくった首相の名前を答えなさい。　　（　　　　　　　　　）

　　③ 1925年に加藤内閣によって制定された普通選挙法で選挙権があたえられた国民の条件を
　　　　簡単に書きなさい。　　　　　（　　　　　　　　　　　　　　　　　　　　　　　　）

　　④ 普通選挙法と同年に制定された，共産主義などを取りしまる法律の名前を答えなさい。

　　　　　　　　　　　　　　　　　　　　　　　　　　　　　　　（　　　　　　　　　）

(4) 下線部 **b** の世界恐慌について，各問いに答えなさい。

　　① アメリカで行われた景気回復のための政策を，カタカナで答えなさい。

　　　　　　　　　　　　　　　　　　　　　　　　　　　　　　　（　　　　　　　　　）

　🆙 ② イギリスやフランスがブロック経済を導入した理由を，「植民地」という言葉を使って
　　　　簡単に書きなさい。

　　（　　　　　　　　　　　　　　　　　　　　　　　　　　　　　　　　　　　　　　）

(5) 下線部 **c** のあと，犬養毅首相が暗殺された事件の名前を答えなさい。　（　　　　　　　）

(6) 次の①～⑥のできごとがおきた時期を，年表中の**あ**～**か**から選びなさい（同じ記号を選んで
　　もかまいません）。

　　① 国際連盟の発足　　② 広島・長崎への原子爆弾投下　　③ ロシア革命

　　④ 日本の国際連盟脱退　　⑤ 中国に二十一か条の要求を提示　　⑥ 日独伊三国同盟

　　　　　　　　　　　①（　　　　） ②（　　　　） ③（　　　　）

　　　　　　　　　　　④（　　　　） ⑤（　　　　） ⑥（　　　　）

2 次の文を読んで，あとの問いに答えなさい。

> ・戦後の日本では a GHQ の指示のもと民主化改革が進められた。それまで日本の経済を
> 支配してきた（ ① ）は解体され，農村では（ ② ）によって自作農を増やす政策
> がとられた。民主化の中心は憲法の改正で，1946年11月3日に（ ③ ）が公布された。
> ・1945年10月，二度の世界大戦の反省から（ ④ ）が発足し，主要な戦勝国である常
> 任理事国のうちアメリカと（ ⑤ ）が対立し，b 世界の多くの国々が東側と西側の陣
> 営に分かれた。
> ・1951年，（ ⑥ ）内閣は c 48か国と条約を結び，日本は独立を回復した。

(1) 文中の①〜⑥にあてはまる人名や言葉を答えなさい。

① （　　　　　） ② （　　　　　） ③ （　　　　　）
④ （　　　　　） ⑤ （　　　　　） ⑥ （　　　　　）

(2) 下線部 a の最高司令官の名前を答えなさい。 （　　　　　）

(3) 下線部 b のように，東西陣営に分かれた対立を何とよぶか，漢字2字で答えなさい。

（　　　　　）

(4) 下線部 c の条約の名前を答えなさい。 （　　　　　）

(5) (4)の条約と同時に日本がアメリカと結んだ条約の名前を答えなさい。

（　　　　　）

3 右のグラフを見て，次の問いに答えなさい。

(1) グラフ中の A の時期について，
各問いに答えなさい。

　① この時期の経済成長を何
　とよぶか答えなさい。
　（　　　　　）

　② A の時期の最後（1973
　年）は急激に経済成長率
　が落ちこんでいるが，そ
　のきっかけとなったでき
　ごとは何か答えなさい。
　（　　　　　）

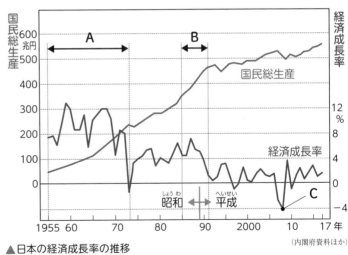

▲日本の経済成長率の推移　　（内閣府資料ほか）

(2) グラフ中の B は，経済が実態以上に好景気になった時期だが，このような経済を何とよぶか
答えなさい。 （　　　　　）

(3) グラフ中の C は，世界が不景気になったことを表しているが，これを何とよぶか答えなさい。

（　　　　　）

高校入試 準 備 テスト

1 次の問いに答えなさい。

21 点(各 3 点, (3)は 6 点) 〔愛媛県改題〕

(1) 地図 Ⅰ, Ⅱを見て, ①～③の問いに答えなさい。

① 地図 Ⅰ, Ⅱ中の A ～ E の線は, 緯線を示しています。E と同じ緯度の緯線として適当なものを, A ～ D から選びなさい。

② 地図 Ⅰ中の◯印で示した区域において, 伝統的に主食とするために栽培されている作物として最も適当なものを, 次のア～エから選びなさい。

　ア 米　　イ 小麦
　ウ とうもろこし　　エ いも類

③ 地図 Ⅰ, Ⅱ中の•印は, それぞれ地図 Ⅰ, Ⅱ中のあ～えの国の首都の位置を示しています。また, 右の P ～ S のグラフは, それぞれあ～えのいずれかの国

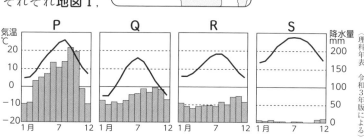

の首都における, 月別の平均気温と降水量を表したものです。Q にあたる首都がある国として適当なものを, あ～えから選び, 国の名も答えなさい。

(2) 地図 Ⅲ中の a ～ c は, それぞれ三大洋のいずれかを示しており, ----は大洋の境界を示しています。a が示している大洋の名称を答えなさい。

(注) 大陸の周囲の海は, a ～ c の三つの大洋に含めている。

(3) 次の文は, 世界の人口の変化について述べたものです。文中の□□に適当な言葉を書き入れて文を完成させなさい。ただし, □□には

医療　死亡率　出生率 の 3 つの言葉を含めること。

　世界の人口は, 1950 年代に約 25 億人であったが, その後, 急増し, 2015 年には約 73 億人になった。世界の人口が急増したのは, 1950 年代以降, おもにアジア, アフリカにおいて, □□□□□□□□□□□からである。

(1)	①		②		③	記号		国名		(2)	
(3)											

❷ 次の略地図を見て，あとの問いに答えなさい。

24点(各3点，(2)は6点)〔高知県改題〕

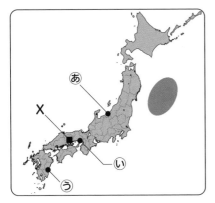

資料Ⅰ

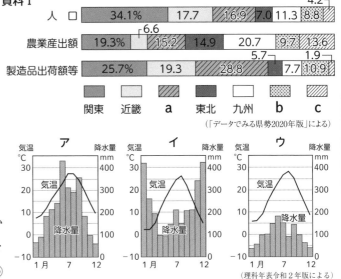

	関東	近畿	a	東北	九州	b	c
人　口	34.1%	17.7	16.9	7.0	11.3	8.8	4.2
農業産出額	19.3%	6.6	15.2	14.9	20.7	9.7	13.6
製造品出荷額等	25.7%	19.3	28.8	5.7	7.7	1.9	10.9

(「データでみる県勢2020年版」による)

(理科年表令和2年版による)

(1) 右の**ア～ウ**のグラフはそれぞれ，地図中の**あ～う**で示したいずれかの都市における，気温と降水量を表したものです。地図中の**あ～う**で示した都市の気温と降水量を表したグラフを，**ア～ウ**からそれぞれ選びなさい。

(2) 地図中の●で示した東日本の太平洋沖は豊かな漁場となっています。その理由を，関係する海流の名称を使って，簡単に書きなさい。

(3) 右上の**資料Ⅰ**は，全国を北海道，東北，関東，中部，近畿，中国・四国，九州の七つの地方に区分し，人口，農業産出額，製造品出荷額等について，2017年における各地方が占める割合をそれぞれ表したものです。資料中の**a～c**にあてはまる地方の組み合わせとして正しいものを，次の**ア～エ**から選びなさい。

ア a-北海道　b-中部　c-中国・四国

イ a-中部　b-北海道　c-中国・四国

ウ a-中部　b-中国・四国　c-北海道

エ a-中国・四国　b-北海道　c-中部

(4) 略地図中の**X**は，岡山県のある地域を示しています。**資料Ⅱ**は，その地域の地形図の一部です。この地形図を見て，次の問いに答えなさい。

① **資料Ⅱ**中の**A**の標高と**B**の標高の差は何mか答えなさい。

② **資料Ⅱ**中の**C**から**D**までの地形図上の長さが3cmのとき，実際の直線距離は何mか答えなさい。

資料Ⅱ

(国土地理院2万5千分の1の地形図「備前瀬戸」(令和3年発行)による)(縮小)

(1)	あ		い		う		(2)	
(3)			(4) ①		②			

3 次の表は，あるクラスが歴史の学習で調べたことを，班ごとにまとめたものです。これを見て，あとの問いに答えなさい。

28点(各4点，(4)は8点)〔2021年度・青森県改題〕

班	テーマ	調べた内容
A	大和政権の誕生	奈良盆地を中心とする地域に，王を中心に，近畿地方の有力な豪族で構成する大和政権が生まれ，王や豪族の墓として大きな（ **あ** ）が造られた。
B	国風文化	貴族たちは，唐風の文化をふまえながらも，日本の風土や生活，日本人の感情に合った国風文化を生み出し，⑥摂関政治のころに最も栄えた。
C	日明貿易	⑤足利義満は，正式な貿易船に，明からあたえられた勘合という証明書を持たせ，朝貢の形の貿易を行った。
D	⑥江戸幕府による大名の統制	江戸幕府は，⑥武家諸法度という法律を定め，大名が許可なく城を修理したり，大名どうしが無断で縁組みをしたりすることを禁止した。

(1) （ **あ** ）にあてはまる言葉を答えなさい。

(2) 下線部⑥について，次の問いに答えなさい。

① ⑥の仏教について述べた文として適切なものを，次の**ア**〜**エ**から選びなさい。

ア 百済から朝廷に仏像や経典がおくられ，飛鳥地方を中心に，最初の仏教文化が栄えた。

イ 仏教の力にたよって，国家を守ろうと考え，国ごとに国分寺と国分尼寺が建てられた。

ウ 念仏を唱えて阿弥陀如来にすがり，極楽浄土へ生まれ変わることを願う，浄土信仰がおこった。

エ 座禅によって自分の力でさとりを開こうとする禅宗が伝わり，臨済宗や曹洞宗が開かれた。

② 右の**資料**は，⑥によまれた歌です。この歌をよんだ人物名を答えなさい。

資料

> この世をば
> わが世とぞ思う
> 望月の欠けたることも
> 無しと思えば

(3) 下線部⑤が建てた建築物として適切なものを，次の**ア**〜**エ**から選びなさい。

ア 東大寺　　**イ** 平等院鳳凰堂　　**ウ** 銀閣　　**エ** 金閣

(4) 下線部⑥が行った次の**ア**〜**ウ**のできごとを年代の古い順に並べかえなさい。

ア 異国船打払令を出した。　　**イ** 生類憐みの令を出した。

ウ 公事方御定書を定めた。

(5) 徳川家光が，下線部⑥で定めた，大名が1年おきに領地と江戸とを往復する制度を何というか答えなさい。

(1)		(2)①		②		(3)	
(4)	→	→		(5)			

4 右の年表を見て，次の問いに答えなさい。 27点(各4点，(4)aは7点)〔愛媛県改題〕

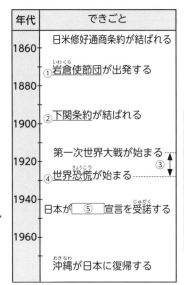

年代	できごと
1860	日米修好通商条約が結ばれる
1880	①岩倉使節団が出発する
1900	②下関条約が結ばれる
1920	第一次世界大戦が始まる ④世界恐慌が始まる
1940	日本が ⑤ 宣言を受諾する
1960	
	沖縄が日本に復帰する

③

(1) 年表中の①に，最年少の女子留学生として同行した ┃ X ┃ は，帰国後， ┃ Y ┃。X・Yにそれぞれあてはまる言葉の組み合わせとして最も適当なものを，次のア〜エから選びなさい。

ア X 津田梅子 Y 日本の女子教育の発展に貢献した
イ X 津田梅子 Y 文学者として多くの小説を書いた
ウ X 樋口一葉 Y 日本の女子教育の発展に貢献した
エ X 樋口一葉 Y 文学者として多くの小説を書いた

(2) 年表中の②で，清が日本に遼東半島をゆずることを認めると，┃　　┃はドイツ，フランスをさそい，日本に対して，遼東半島を清に返すようにせまった。このできごとは，三国干渉とよばれている。┃　　┃にあてはまる国の名を答えなさい。

(3) 年表中の③の期間におこった日本のできごととして適当なものを次のア〜エから2つ選び，年代の古い順に並べかえなさい。

ア 大政翼賛会が発足した。　　イ 第1回衆議院議員選挙が行われた。
ウ 原敬が内閣を組織した。　　エ 加藤高明内閣が普通選挙法を成立させた。

(4) 年表中の④について，右のⅠ，Ⅱのグラフは，それぞれイギリスの1929年と1936年のいずれかの年における，輸入総額に占める，イギリス経済圏からの輸入額とイギリス経済圏以外からの輸入額の割合を表したものです。グラフについて述べた次の文の ┃ a ┃ に適当な言葉を書き入れて文を完成させなさい。ただし，a には イギリス経済圏 ， イギリス経済圏以外 ， 関税 ， 高く の4つの言葉を含めること。また，b の〔　　〕の中から適当なものを選びなさい。

Ⅰ | イギリス経済圏 48.0% | イギリス経済圏以外 52.0 |

Ⅱ | イギリス経済圏 57.3% | イギリス経済圏以外 42.7 |

(注) イギリス経済圏とは，イギリスの植民地や自治領など，イギリスと経済的な結び付きが強い国と地域のことである。　「近代国際経済要覧」による)

┏━━━┓
┃ 　年表中の④がおこると，イギリスは自国に入る輸入品について ┃ a ┃ する政策を行っ ┃
┃ た。その結果，イギリスの輸入の状況は，b〔ア　ⅠからⅡ　　イ　ⅡからⅠ〕へと変化した。 ┃
┗━━━┛

(5) 年表中の⑤にあてはまるドイツの都市名を答えなさい。

(1)		(2)		(3)		→	
(4)	a						
	b		(5)				

取りはずしてご使用ください。

ホントにわかる
中1・2年の総復習
社会

解答と解説

新興出版社

本冊 p.4〜7

ステップ 1

① 7 　② 3 　③ 大洋 　④ 大陸 　⑤ 州 　⑥ 国境 　⑦ 島国 　⑧ 内陸国 　⑨ 赤道 　⑩ 緯線（いせん）

⑪ 本初子午線 　⑫ 地球儀（ちきゅうぎ） 　⑬ 排他的経済水域 　⑭ 接続水域 　⑮ 標準時 　⑯135 　⑰15 　⑱2

⑲43 　⑳ 都道府県庁所在地

＋α 　⑥アフリカ大陸でみられるまっすぐな国境線は，ヨーロッパ諸国に分割支配されていたときのなごりである。

⑨〜⑪「経」には「たて」，「緯」には「横」の意味がある。

⑰360（度）÷24（時間）＝15（度）から，経度15度で1時間の時差が生じる。

ステップ 2

1 (1)Aユーラシア大陸　B 太平洋　(2)オセアニア州　(3)Y　(4)① エ 　② ア 　③ イ 　④ ウ

(5)①120 　②8 　③ ア

2 (1)ブエノスアイレス　(2)15000　(3)南

3 (1)北方領土　(2)イ　(3)c, 沖ノ鳥島（おきのとりしま）　(4)排他的経済水域　(5)エ　(6)エ

4 (1)① ク 　② サ 　③ ア 　④ イ 　⑤ カ 　(2)ア

解説 　1 　(2)地図のC（ニュージーランド）はどの大陸にも属さないがオセアニア州に属している。

(3)この地図は，緯線と経線が直角に交わる地図で，緯度が高くなるほど陸地の形が大きく表される。実際の面積では，高緯度にあるX（グリーンランド島）は，低緯度にあるY（オーストラリア大陸）よりも小さい。

(4)アとウは同じ緯度だが，アは東半球，ウは西半球にあるため，経度が異なる。

(5)①135（度）－15（度）＝120（度）

②経度15度で1時間の時差が生じるので，120（度）÷15（度）＝8（時間）

③時刻は日付変更線から西に離れるほど遅い。ケープタウンは東京よりも西にあるため，時差の分だけ時刻をもどす。

2 　この地図は，中心からの距離と方位が正しい地図である。中心の東京からはブエノスアイレスが最も遠く，ケープタウンまでは約15000km，シドニーは南に位置することがわかる。

3 　(1)(2)地図中のaは北方領土で，ロシア連邦（れんぽう）が不法に占拠している。

(4)(5)Xの範囲は排他的経済水域で，領海の外側で海岸線から200海里（約370km）以内の範囲と定められている。この範囲では沿岸国は水産資源や鉱産資源を利用する権利をもつ。

(6)日本の国土面積は約38万km²だが，島国のため排他的経済水域の面積は国土面積の10倍以上ある。アはオーストラリア，イはブラジル，ウはインドネシア。

4 　(2)岩手県の県庁所在地は盛岡市（もりおか）で，県名とは異なる。

入試につながる

・地球上の位置を緯度・経度で表せるようにしておこう。また，インドネシアやブラジル，エクアドルなど，赤道が通るおもな国も地図でチェックしておこう。

・時差を求める問題は頻出（ひんしゅつ）。時差が生じる理由を理解しておこう。

ステップ1

① 熱帯　② 熱帯雨林　③ ステップ　④ 地中海性　⑤ 寒帯　⑥ スコール　⑦ 米
⑧ オアシス　⑨ かんがい　⑩ 遊牧　⑪ オリーブ　⑫ 永久凍土　⑬ アルパカ
⑭ 聖書　⑮ コーラン　⑯ 経

+α　⑦インドネシアでは稲作がさかんだが，アフリカや南アメリカの熱帯地域では，さとうきびや，コーヒーなどの栽培がさかんである。
⑨農耕のために川や湖，地下などから水を引くことをかんがいという。
⑬アルパカの毛は衣服や帽子の材料となり，リャマはおもに荷物の輸送に使われる。ともに，高地に適した家畜である。

ステップ2

1　(1)①E　②A　③D　④C　⑤B　(2)① 熱帯　② 乾燥帯　③ 温帯　④ 亜寒帯（冷帯）
　　⑤ 寒帯
2　(1)コーラン　(2)A イスラム教　B ヒンドゥー教　C キリスト教　D 仏教
3　(1)かんがい　(2)イ　(3)エ　(4)スコール　(5)B　(6)C
　　(7)A キ　B カ　C エ　D ア

解説　1　(1)亜寒帯（冷帯）は，南半球にはない。
2　(1)教典とは，宗教の教えをまとめたもので，イスラム教ではコーランである。キリスト教では聖書，仏教では経。
(2)Bはハンバーガーに牛肉が使われていないことから，牛を神聖な動物と考えているヒンドゥー教だと判断する。ヒンドゥー教では生き物を殺さないという考え方を大切にしているため，肉を食べない菜食主義の人が多い。
3　(2)シベリアなど亜寒帯（冷帯）気候の地域には，永久凍土とよばれる凍った土が広がり，その上に住宅を建てる場合は床を高くして，家屋の熱で永久凍土が溶けて家が傾くことを防いでいる。
(3)りんごは比較的すずしい地域，さとうきびは高温で雨が多い地域，米は温暖で雨が多い地域で栽培がさかんである。
(4)突然降り出すスコールは，15分程度の短時間で止む場合が多い。
(5)保温性の高いコートや帽子をかぶっていることや，道路の雪などから，カードBだと判断する。
(6)年平均気温が15.6℃なので温帯である。また，降水量を見ると，冬に多いことが読み取れる。これらはカードCの内容と一致する。雨温図の気温の折れ線が東京と逆向きの場合は，南半球となる。
(7)Aは，「乾燥しているが，少しだけ雨が降る」のでステップ気候。Bは，「冬の寒さが厳しいが，夏は10℃以上になる」ので亜寒帯（冷帯）気候，Dは「気温が高く，一年を通して雨が多い」ので熱帯雨林気候となる。

入試につながる
・気候帯の分布はよく出題されるので，必ず地図で分布の様子を確認しておこう。
・雨温図の形から気候帯の名前をいえるようにしておこう。

本冊 p.12～15

ステップ1

① ヒマラヤ　② 経済特区　③ 経済格差　④ 東南アジア諸国連合　⑤ICT　⑥ 石油輸出国機構
⑦ アルプス　⑧ 偏西風　⑨ プロテスタント　⑩ カトリック　⑪ ユーロ　⑫ 混合農業
⑬ サハラ　⑭ モノカルチャー　⑮ ロッキー　⑯ 適地適作　⑰ サンベルト　⑱ アンデス
⑲ バイオ　⑳ 白豪主義

+α　②アモイやシェンチェンなど，外国企業に対し，税金を安くするなど特別な制度が設けられた地区である。
⑤パソコンやインターネットなど，情報や通信技術を用いた産業をICT関連産業という。
⑳オーストラリアでは白豪主義による白人以外の移民を制限する政策が続いたが，1970年代に撤廃された。

ステップ2

1 (1)イ　(2)aヒマラヤ山脈　b長江　(3)①D　②C　③A　④B　(4)一人っ子政策
(5)プランテーション

2 (1)① アルプス　② ライン　(2)① ユーロ　②EC　(3)経済格差

3 (1)a ロッキー山脈　b ミシシッピ川　(2)① イ　② ウ　(3)X エ　Y ア　(4)サンベルト　(5)イ

4 (1)バイオ燃料　(2)モノカルチャー経済　(3)A ウ　B ア　C エ　D イ

解説 **1** (1)アジア州では赤道はシンガポールの近くを通過する。
(3)①OPEC（石油輸出国機構）に加盟していることから，Dのサウジアラビア。
②綿花や鉄鉱石がとれることと，情報通信技術関連産業が急速に成長していることから，Cのインド。
③1980年ごろから始まった人口抑制政策とは一人っ子政策で，Aの中国。
④大農園とはプランテーションで，油やしなどを栽培していることから，Bのマレーシア。
2 (1)ライン川のように国をまたいだ河川を国際河川という。
(3)東ヨーロッパの国々は，西ヨーロッパに比べて所得が低く，経済がおくれているため，東西の経済格差がEUの課題となっている。

3 (3)西経100度の経線は，年降水量500㎜の等雨線とほぼ重なり，西側は雨が少なく，東側は雨が多い。そのため，西側では農耕よりも放牧が中心となっている。
(4)(5)サンベルトは，土地が安く，労働力が豊富なため，新しい企業が進出しやすい条件が整っていた。
4 (1)ブラジルではバイオ燃料の原料となるさとうきびを栽培するために，アマゾン川流域の森林を伐採していることが問題となっている。
(2)国の経済を単一の農産物や鉱産資源に頼るモノカルチャー経済では，農産物が不作であったり，資源の国際価格が急落したりすると，輸出額が下がり，国の経済に大きなダメージをあたえてしまう。そのためアフリカの国々では，モノカルチャー経済からの脱却が課題となっている。

入試につながる

・世界の国々の自然環境は，必ず地図で位置を確認しよう。
・農業と自然との結び付き，工業の変化の様子については，地域ごとに特徴をおさえておこう。
・環境保全や多文化社会への取り組みは，国ごとの事例をいえるようにしておこう。

地域調査，日本の地域的特色

本冊 p.16～19

ステップ1

① 高さ（海抜高度，標高）　②250　③ 環太平洋　④ フォッサマグナ　⑤ 地震　⑥ 津波
⑦ ハザードマップ　⑧ 三大都市圏　⑨ 過疎　⑩ 鉱産資源　⑪ 火力　⑫ 再生可能
⑬ 近郊農業　⑭ 促成栽培　⑮ 養殖業　⑯ 貿易摩擦　⑰ 空洞化　⑱3　⑲ 高速交通網
⑳ 自動車　㉑ 高速通信網

+α　⑫持続可能な社会にするために，太陽光，風力，地熱，バイオマスなどの再生可能エネルギーの開発が進められている。

⑮かつては遠洋漁業と沖合漁業がさかんだったが，燃料費の高騰や各国の排他的経済水域の設定による漁場の制限，近海の水産資源の減少から，日本は魚介類の輸入国となった。また，養殖業や栽培漁業へのシフトが進んでいる。

ステップ2

1 (1)イ　(2)ウ　(3)ア　(4)扇状地
2 (1)① 季節風（モンスーン）　② a エ　b ウ　c ア　(2)X 親潮　Y 黒潮
3 (1) 太平洋ベルト　(2)ウ　(3)A イ　B ウ　C ア　(4)a ア　b エ　c イ
4 (1)a 名古屋　b 過密　c ○　d ○　e 第3次　(2)ア

解説 **1** (1)等高線を見ると，少し太い計曲線が50m間隔で引かれていることが読み取れるので，この地形図は2万5千分の1だと判断する。
(2)博物館（血）の近くを450mの計曲線が通っていることを読み取れるようにしよう。
(4)等高線が扇形をしているので，扇状地である。

2 (1)②Aは金沢市で，冬に季節風の影響で雨や雪が多い。冬に降水量が多い雨温図はエとなる。Bは高松市で，中国山地と四国山地によってしめった季節風がさえぎられ，一年を通して雨が少ない。降水量が最も少ない雨温図を選ぶ。Cは那覇市で，平均気温が最も高いアの雨温図を選ぶ。

3 (1)(2)戦後，四大工業地帯（京浜・中京・阪神・北九州）を中心に太平洋ベルトが形成された。現在は，工業地帯の間に新しく工業地域がつくられ，日本の工業生産額の大半を太平洋ベ

ルトにある工業地帯・地域が占めている。
(3)Aは京葉工業地域で，化学工業の割合が大きい。Bは中京工業地帯で，機械工業の割合が大きい。Cは阪神工業地帯で，鉄鋼・金属の割合が大きい。

4 (1)a…三大都市圏とは東京，大阪と名古屋を中心とした地域である。
e…最も就業者が多い産業は第3次産業で，商業やサービス業をいう。第1次産業は農林漁業，第2次産業は鉱工業・建設業である。日本では第1次産業従事者の割合が減少し，第3次産業従事者の割合が増加してきている。
(2)人口構成は，ウの多産多死を表す富士山型から，少子化が進行してイのつりがね型へと移り変わる。さらに少子高齢化が進行するとアのつぼ型へと変化する。現在の日本の人口ピラミッドは，つぼ型である。

入試につながる

・日本の気候区分は，雨温図と結び付けられるようにしておこう。
・地形図では，地図記号と等高線がよく問われる。縮尺の計算は必ずできるようにしておこう。
・産業については，特色ある工業地帯・地域と農業の特徴を場所といっしょに確認しておこう。

ステップ 1

① カルデラ　② 二毛作　③ 促成栽培　④ 琵琶湖　⑤ 淀川　⑥ 大阪（京阪神）　⑦ 瀬戸内
⑧ 阪神　⑨ 本州四国　⑩ 過疎　⑪ 地域おこし　⑫ 日本アルプス　⑬ 自動車　⑭ 製紙
⑮ 園芸農業　⑯ 利根　⑰ 赤土（関東ローム）　⑱ 夜間　⑲ 昼間　⑳ 北関東　㉑ 京葉
㉒ リアス　㉓ 栽培

＋α　②二毛作とは，同じ耕作地で異なる作物を異なる時期に栽培する農業。

⑨本州と四国を結ぶ本州四国連絡橋とは，3つのルートの総称である。

⑭静岡県富士市周辺では，富士山のふもとの豊かな水を利用した製紙・パルプ工業が発達。

⑮園芸農業とは，都市向けの野菜や果樹，花などを栽培する農業。

ステップ 2

1 (1) 促成栽培　(2) エ　(3) 二毛作　(4) エ　(5)A オ　B ウ　C ア　D カ

2 ①A・新潟県　②C・山梨県　③F・愛知県　④D・長野県

3 (1) 関東平野　(2) 近郊農業　(3) 客土　(4) 扇状地　(5) 京葉工業地域　(6) 昼間人口
(7) （例）暖流と寒流が出会う潮目（潮境）があるから。　(8) エ　(9) イ
(10)A キ　B ア　C オ　D ケ　E ク　F エ　G イ

解説　**1**　(1)高知平野の農家は，促成栽培によって夏が旬のなすやピーマンを他の地域が出荷しない冬から春に出荷して，利益を得ている。

(2)本州四国連絡橋が開通したことで，徳島県と兵庫県，大阪府とを行き来する人などが増加した。人口の大都市集中の傾向は強まり，四国の人口は減少している。

(4)紀伊山地は古くから林業がさかんだったが，林業従事者の高齢化による後継者問題が深刻となり，国や自治体は「緑の雇用」制度を始めて，若い人が林業に就きやすい環境を整えている。

2　①…米の生産量が多いことからAの新潟県。
②…ぶどうの生産量が多いことからCの山梨県。
③…輸送用機器具の出荷額が多いことから，Fの愛知県。④…りんごの生産量が多く，また，電子部品などの出荷額が多いことから，Dの長野県。

3　(2)大都市近郊では，野菜を新鮮なまま近くの大都市に出荷できるため，輸送費がかからず高い利益があげられる。このような農業を近郊農業という。

(4)平野や盆地のへりには扇状地が発達する。扇状地は水はけがよく，日当たりのよい斜面があるため果樹栽培に適している。

(5)化学工業の出荷額割合が大きいのは，京葉工業地域である。

(6)都心には，都下や周辺の県から多くの通勤・通学者が集まり，昼間人口が夜間人口よりも多くなる。

(7)三陸沖には暖流の黒潮と寒流の親潮が出会う潮目（潮境）がある。潮目はプランクトンが多く，暖流と寒流の魚が混在し，魚種も豊富であるため，好漁場となる。

(8)**資料Ⅱ**の**ア**は沖合漁業，**イ**は遠洋漁業，**ウ**は沿岸漁業である。

入試につながる

・各地域のおもな山地，山脈，盆地の名前や位置は地図でおさえておこう。
・工業は，戦後に形成された工業地帯・地域が，どのように変化してきたかに注目しよう。
・農業は，地域ごとに特徴を理解して，おさえておこう。

入試によく出る地理の用語

□**赤道**…全周約4万km。緯度が0度となる緯線で，北側を北半球，南側を南半球という。

□**排他的経済水域**…沿岸国が水産資源や海底の鉱産資源を管理できる水域。国連海洋法条約で，領海の外側で海岸線から200海里（約370km）以内の範囲と定められている。

□**時差**…世界各地の標準時のずれ。経度15度で1時間の時差が生じる。

□**気候帯**…世界の陸地を気温・降水量・植生をもとに熱帯，乾燥帯，温帯，亜寒帯（冷帯），寒帯の5つに分けた気候の区分。

□**季節風（モンスーン）**…大陸と海洋の間で，夏は海洋から大陸へ，冬は大陸から海洋へと季節により向きが変わる風。アジアの気候に大きな影響をあたえる。

□**一人っ子政策**…1980年ごろから中国で進められた人口増加抑制策。子どもの数を1夫婦一人としてきたが，高齢化の進行により，政策が見直されている。

□**経済特区**…中国の開放経済政策。シェンチェンなど沿岸部の5か所が指定され，外国企業を積極的に誘致した。

□**東南アジア諸国連合（ASEAN）**…東南アジアの安定を目指して結成された組織で，10か国が加盟（2021年現在）。

□**情報通信技術（ICT）関連産業**…パソコンやインターネットなどの情報や通信に関連する技術をもとにした産業。

□**偏西風**…中緯度地域にふく西風。ヨーロッパでは暖流の上を偏西風がふくため，緯度が高いわりに温和な気候となる。

□**ヨーロッパ連合（EU）**…1993年，ヨーロッパ共同体（EC）を母体に発足した組織。ヨーロッパの政治，経済，社会の統一を目指す。27か国が加盟（2021年現在）。

□**適地適作**…地域ごとに，気温や降水量などの自然環境に適した農作物を栽培する農業。アメリカ合衆国で広く行われている。

□**先端技術産業**…航空宇宙産業やコンピューター関連産業，バイオテクノロジーなどの高度な技術を必要とし，高い収益をもたらす産業。

□**サンベルト**…アメリカ合衆国の北緯37度より南の地域。先端技術産業が発達。

□**バイオ燃料**…さとうきびやとうもろこしなど，おもに植物を原料として製造される燃料。環境に優しい燃料とされている。

□**フォッサマグナ**…中部地方の日本海側と中部・関東地方の太平洋側を結ぶ広範囲にわたる多くの断層が集まった地帯。地質学的に日本列島を東日本と西日本に分ける境界となっている。

□**ハザードマップ**…さまざまな自然災害による被害の予測と避難場所などを示した地図。

□**再生可能エネルギー**…太陽光，風力，地熱，バイオマスなどのようにくり返し使える，環境に優しいエネルギー。

□**レアメタル**…埋蔵量が非常に少ない金属や，採掘が技術的に難しい金属のこと。プラチナやリチウムなどの金属は携帯電話やパソコンなどに使われる。

□**持続可能な社会**…地球環境や自然環境が保たれ，将来の人々が必要なものが失われずに，また，現在の人々が必要とするものも満たされている社会。

□**促成栽培**…出荷時期を早めることで，高い利益を得る栽培方法。逆に出荷時期を遅らせる栽培方法を抑制栽培という。

□**食料自給率**…国内で必要な食料のうち国内で生産してまかなえる割合。

□**地域おこし**…過疎地域などで，特産物の開発や観光資源の活用などにより，地域の経済力を上げ，地域の活性化を進める事業。

□**太平洋ベルト**…関東地方から九州北部にかけての沿岸部で，工業が多く集積した帯状の地域。

□**伝統産業**…特定の地域の原材料や技術が結びついて，古くから発達してきた産業。

ステップ 1	① 猿人 ② 原人 ③ 磨製 ④ ナイル ⑤ くさび形 ⑥ 甲骨 ⑦ 秦 ⑧ ポリス ⑨ ローマ ⑩ 縄文 ⑪ たて穴住居 ⑫ 高床倉庫 ⑬ 卑弥呼 ⑭ 大和政権 ⑮ 冠位十二階 ⑯ 遣隋使 ⑰ 法隆寺 ⑱ 中大兄皇子 ⑲ 大宝律令 ⑳ 墾田永年私財法 ㉑ 遣唐使 ㉒ 万葉集 ㉓ 征夷大将軍 ㉔ 空海 ㉕ 摂関政治 ㉖ 源氏物語 ㉗ 平等院鳳凰堂

＋α ⑩縄文土器も弥生土器も煮炊きなどに利用された。弥生土器は縄文土器に比べて薄手でかたく、じょうぶだった。

⑳朝廷は多くの農民に耕作をさせて、安定した税収を得るために、班田収授法、三世一身法、そして墾田永年私財法を定めた。

㉕藤原氏は、自分の娘を天皇の后にすることで、絶大な力を持つようになった。

ステップ 2	**1** (1)**ア** (2)**イ** (3)ナイル川 (4)くさび形文字 (5)① 殷 ② 孔子 ③ 始皇帝 **2** (1)①○ ② たて穴住居 ③ 土偶 ④○ ⑤○ ⑥ 漢書 (2)卑弥呼 (3)銅鏡 **3** (1)**イ** (2)十七条の憲法 (3)中大兄皇子 (4)壬申の乱 (5)大宝律令 (6)**ウ** (7)仏教 (8)墾田永年私財法 (9)摂関政治 (10)**イ**

解説 **1** (1)(2)人類は猿人→原人→新人と進化してきた。火や言葉を使うようになったのは原人である。

(5)②中国で多くの国々が争っていた春秋・戦国時代、孔子は儒学（儒教）を説いた。この教えは、日本の政治や文化に大きな影響をあたえた。

2 (1)②「高床倉庫」は弥生時代の建物で、収穫した稲を保管した。③の「埴輪」は、魔よけなどのために古墳の周りに置かれた。⑥の「後漢書」には、1世紀半ばに奴国の王が漢に使いを送り、皇帝から金印を授かったことが書かれている。

(3)稲作とともに青銅器が伝わり、銅鏡のほかにも銅鐸や銅剣、銅矛などが祭りの道具として使われた。

3 (1)3〜6世紀は古墳時代で、奈良盆地を中心に造られた王や豪族の古墳は、東北地方南部から九州地方まで広まり、大和政権の力が拡大していったことがわかる。

(3)中大兄皇子はのちに天智天皇となった人物。

(4)天智天皇のあとつぎをめぐって、天智天皇の子と弟が争った戦いを壬申の乱という。弟が勝利して天武天皇となった。

(5)唐の律令にならって大宝律令が定められ、日本でも律令による政治が始まった。

(6)**ア**：中央から各国に派遣されたのは国司である。**イ**：奈良時代、律令国家の勢力は北海道、東北地方全域には及んでおらず、東北地方は平安時代になってから朝廷の勢力下となった。**エ**：天皇を君主とする中央集権国家となった。

(10)**イ**は平等院鳳凰堂で、平安時代に広まった浄土信仰をあつく信仰した藤原頼通が造らせた阿弥陀堂。**ア**（鑑真の像）、**ウ**（正倉院）、**エ**（五絃の琵琶）は奈良時代の天平文化の遺物である。

入試につながる

・古代文明は地図を用いた出題が多い。地図で各文明の位置と川の名前をいっしょに確認しておこう。

・飛鳥時代から平安時代は、政治の中心人物と行ったことをセットで覚えておこう。また、各時代の文化の特徴は実際の遺物をもとにおさえておこう。

ステップ1

① 武士団　② 平氏　③ 院政　④ 平清盛　⑤ 守護　⑥ 地頭　⑦ 執権　⑧ 承久の乱
⑨ 御成敗式目　⑩ 定期市　⑪ 新古今和歌集　⑫ 平家物語　⑬ 金剛力士像　⑭ 法然
⑮ フビライ・ハン　⑯ 徳政令　⑰ 後醍醐　⑱ 建武の新政　⑲ 管領　⑳ 勘合　㉑ 応仁の乱
㉒ 戦国　㉓ 分国法　㉔ 馬借　㉕ 惣　㉖ 書院造　㉗ 能　㉘ 水墨画

+α　④太政大臣とは朝廷の最高位であり，平清盛はこの位をあたえられた。

⑦源頼朝の死後，幕府の実権は頼朝の妻の父である北条時政がにぎり，以後は北条氏が執権の職に就いた。

㉖書院造は現在の和風住居の基となった住宅様式で，たたみが敷きつめられた部屋に床の間やちがいだな（段違いのたな）が備わっている。

ステップ2

1 (1)イ　(2)a 平清盛　b 源頼朝　(3)① c ウ　d エ　e イ　f ア　② (例) 承久の乱がおきたこと。　(4)御成敗式目　(5)北条泰時
(6)① モンゴル帝国　②フビライ・ハン　③ 北条時宗　④ 元寇　⑤ ウ

2 (1)勘合貿易　(2)建武の新政　(3)イ　(4)A 足利義満　B 後醍醐天皇　C 足利尊氏
(5)B→C→A　(6)(例) 応仁の乱のあと室町幕府の力がおとろえると，下剋上の風潮が広まり戦国大名が登場した。

3 (1)① 浄土宗　② 浄土真宗　③ 金剛力士像　(2)書院造　(3)水墨画　(4)雪舟

解説　**1**　(1)白河天皇は藤原氏とは関係がうすいため，自らが政治を行うことができた。
(3)②承久の乱とは，後鳥羽上皇が幕府を倒すためにおこした乱である。再び朝廷が幕府に逆らうことのないように，幕府は京都に六波羅探題を置き，朝廷の監視などを行った。ここでは「承久の乱がおきた」ことが書いてあれば正解。
(6)②モンゴル帝国を建てた初代皇帝はチンギス・ハンで，中国を統一して元を建てたのは5代皇帝のフビライ・ハンである。③フビライは日本を支配するために使者を送ってきたが，執権の北条時宗はこれを無視したため，元軍が派遣された。⑤元寇では新しい領土を得たわけではなく，幕府は御家人に御恩としての土地をあたえ

ることができなかった。また，御家人は分割相続で土地が減り，生活が苦しくなっていった。幕府は徳政令を出すが効果は薄く，御家人が幕府から離れていった。
2　(3)足利尊氏は後醍醐天皇を京都から追放すると，新しく天皇を即位させて，朝廷を開いた。これを北朝とよび，京都をのがれた後醍醐天皇が吉野（奈良県）に開いた朝廷を南朝とよぶ。
(6)ここでは「応仁の乱によって室町幕府の力がおとろえた」ことと「下剋上の風潮が広まった」ことが書いてあれば正解。
3　(3)(4)雪舟は明で水墨画を学び，帰国すると風景を題材としたすぐれた作品を残した。

入試につながる

・平氏政権→鎌倉幕府，元寇→鎌倉幕府の滅亡，建武の新政→室町幕府，応仁の乱→戦国時代といった，原因と結果の結び付きをしっかりおさえておこう。
・鎌倉時代の新仏教はよく出題されるので，開祖と宗派の名前を結び付けておこう。

第8日 ヨーロッパ人の来航と近世日本の動き

本冊 p.32～35

ステップ1

① ルネサンス　② 宗教改革　③ イエズス会　④ 鉄砲　⑤ ザビエル　⑥ 楽市・楽座　⑦ 刀狩
⑧ 狩野永徳　⑨ 千利休　⑩ 徳川家康　⑪ 武家諸法度　⑫ 参勤交代　⑬ 鎖国　⑭ 商品作物
⑮ 五街道　⑯ 新井白石　⑰ 享保　⑱ 寛政　⑲ 天保　⑳ 異国船打払令　㉑ 大塩の乱
㉒ 近松門左衛門　㉓ 葛飾北斎　㉔ 本居宣長　㉕ 伊能忠敬

＋α　②16世紀，ルターらは信仰の原点は聖書にあるとして立ち上がった。ルターを支持する信者をプロテスタント（抗議する者）という。
⑫参勤交代とは，大名が1年おきに領地と江戸とを往復する制度。
㉑大塩平八郎は幕府の役所である大阪町奉行所の元役人であったため，幕府に大きな衝撃をあたえた。

ステップ2

1 (1)① ザビエル（フランシスコ・ザビエル）　② （例）カトリック教会はイエズス会をつくり海外布教を目指したから。　(2)兵農分離　(3)千利休　(4)徳川家康　(5)朱印船貿易
(6)① （例）大名が幕府に反抗できないようにするため。　② 参勤交代
(7)① イ　② エ　③ ア　④ ウ　(8)出島　(9)朝鮮通信使
2 (1)（例）大きな飢きんのあとに行われた。　(2)①E　②B　③D　④D　⑤A　⑥C　⑦B
3 (1)①コ　②オ　③カ　④ア　⑤ケ　⑥イ　⑦ク　(2)菱川師宣　(3)本居宣長　(4)伊能忠敬

解説　**1** (1)②ザビエルはイエズス会の宣教師で，カトリックを広めた。宗教改革によってプロテスタントが増えると，カトリック教会は対抗策としてイエズス会をつくり，海外に勢力を広げようとした。ここでは「カトリック教会がイエズス会をつくった」ことと「イエズス会が海外布教を進めた」ことが書いてあれば正解。
(5)徳川家康ははじめ貿易による利益を優先したが，その後幕府は，キリスト教が幕府政治の妨げになる恐れがあるとして，キリスト教を禁止して貿易を停止した。
(6)①新しい城を築いて，幕府に刃向かう大名が出ることを恐れたため，幕府は武家諸法度で築城を禁止させた。ほかにも，大型船を作ることなども禁止した。

2 (1)図を見ると，寛政の改革は天明の飢きん，天保の改革は天保の飢きんの直後に行われていることがわかる。飢きんがおこると，百姓一揆と打ちこわしの件数が増加し，幕府は財政を立て直す必要にせまられ，改革に着手した。
(2)⑥株仲間とは商人の同業者ごとの組合で，幕府や藩に税を納める代わりに，営業を独占する権利をあたえられた。田沼意次の株仲間の結成奨励策によって，歳入が増えるようになったが，役人と商人が結び付きわいろが横行した。
3 (1)キの尾形光琳は元禄文化を代表する画家で，装飾画を描いた。
(4)伊能忠敬はヨーロッパの天文学や測量学を学び，徒歩で日本の沿岸を測量することで正確な日本地図を作った。

入試につながる
・織田信長と豊臣秀吉の統一事業は，目的と内容を結び付けておさえておこう。
・幕藩体制の具体的な内容，江戸時代の改革はよく出題されるので，しっかり整理しておこう。
・安土・桃山時代と江戸時代の文化は，分野ごとに作品の名前と作者をいえるようにしておこう。

ステップ 1

① ルソー　② 権利章典　③ 人権宣言　④ 産業革命　⑤ 資本主義　⑥ 南京条約　⑦ 日米和親

⑧ 日米修好通商　⑨ 薩長同盟　⑩ 大政奉還　⑪ 廃藩置県　⑫ 徴兵令　⑬ 殖産興業

⑭ 板垣退助　⑮ 伊藤博文　⑯ 下関　⑰ ポーツマス　⑱ 領事裁判権　⑲ 関税自主権

⑳ 韓国併合　㉑ 孫文　㉒ 財閥　㉓ 黒田清輝　㉔ 夏目漱石

＋α　①ルソーは社会契約説と人民主権を主張。ロックは社会契約説と抵抗権，モンテスキューは法の精神と三権分立を説いた啓蒙思想家である。

④蒸気機関の発明によって，飛躍的に工業生産性が向上し，産業革命の原動力となった。

㉒太平洋戦争が終わるまで，財閥は経済に大きな影響をあたえ続けた。

ステップ 2

1 (1)① 権利章典　② フランス革命　(2) 産業革命　(3) 社会主義

2 (1)a ペリー　b 日米修好通商　(2) 大政奉還　(3)① 徴兵令　② 地券　③ 地租改正
(4)① い　② う　③ う　④ あ

3 (1) 大日本帝国憲法　(2) 天皇　(3) 伊藤博文　(4) ウ→ア→イ→エ

4 (1)A 日清戦争　B 日露戦争　(2)A 下関条約　B ポーツマス条約
(3) 三国干渉　(4) 日英同盟　(5) 八幡製鉄所　(6)① ○　② ×　③ ×　④ ○

5 (1) 夏目漱石　(2) 樋口一葉　(3) 野口英世　(4) 高村光雲

解説　**1**　(3)資本主義の発達によって，利益重視の社会となり，さまざまな労働問題がおこった。ドイツの経済学者マルクスは，平等な社会を目指す社会主義を唱え，この考えは国をこえて広がっていった。

2　(3)②③政府は土地の所有者に地券を発行し，土地の所有者には収穫高ではなく地価の3％を現金で納めさせた。これまでは不作の年は税収が減ったが，地租改正によって政府に安定した税収が入るようになった。

(4)桜田門外の変は井伊直弼が通商条約を結んだあとのできごと，五箇条の御誓文と廃藩置県は，大政奉還のあと明治政府ができてからのできごと。

3　(2)大日本帝国憲法は，伊藤博文がドイツの君主権の強い憲法に学んで草案を作ったため，天皇に多くの権力が集中する内容となった。

4　(1)Aは日清戦争で，日本と清が朝鮮を釣り上げようとしているところを，ロシアが橋の上から見ている絵である。Bは日露戦争で，大国ロシアに及びごしで立ち向かう日本を，イギリスが後おししていることを表している。背後ではアメリカが様子見している。

(4)イギリスはロシアと対立しており，日本と利害が一致したため，日英同盟を結んだ。

5　(1)(2)明治時代になると，文学はそれまでの文語表現にかわって話し言葉（口語）で表現するようになった。

入試につながる

・開国から大政奉還までの流れと明治維新の諸改革はよく出題されるので，一つずつ整理しておこう。

・大日本帝国憲法発布までの流れ，日清・日露戦争の始まりと結果，その後の日本社会の変化は，用語を覚えるだけではなく，背景（原因）と結果をペアで理解しておこう。

ステップ **1**

① 三国同盟　② 二十一か条の要求　③ ロシア革命　④ ベルサイユ　⑤ 国際連盟
⑥ 五・四　⑦ 三・一独立　⑧ 護憲運動　⑨ 政党内閣　⑩ 普通選挙法　⑪ 全国水平社
⑫ ブロック経済　⑬ ヒトラー　⑭ 満州事変　⑮ 五・一五事件　⑯ ドイツ
⑰ 原子爆弾（原爆）　⑱ マッカーサー　⑲20　⑳ 農地改革　㉑ 基本的人権　㉒ 国際連合
㉓ 冷戦　㉔ 吉田茂　㉕ 高度経済成長　㉖石油危機

+α　②日本は中国に対し，山東省の権益をドイツから引きつぐことなどを二十一か条にして要求し，大部分を認めさせた。
⑤提案国のアメリカは国内の反対で加入しなかっ

たため，国際連盟の影響力は大きくなかった。
⑨政党内閣は国民との間で約束した政策を議会で通しやすく，政治がスムーズに進められる利点がある。

ステップ 2

1 (1)Aベルサイユ　B日中　C太平洋　Dポツダム宣言　(2)イ　(3)①護憲運動　②原敬
③(例)満25歳以上の男子　④治安維持法　(4)①ニューディール　②(例)植民地を多くもっていたから。　(5)五・一五事件　(6)①い　②か　③あ　④え　⑤あ　⑥お

2 (1)①財閥　②農地改革　③日本国憲法　④国際連合　⑤ソ連(ソビエト社会主義共和国連邦)
⑥吉田茂　(2)マッカーサー　(3)冷戦　(4)サンフランシスコ平和条約
(5)日米安全保障条約（日米安保条約）

3 (1)①高度経済成長　②石油危機（オイルショック）　(2)バブル経済　(3)世界金融危機

解説　**1**　(2)日本はイギリスと日英同盟を結んでいたため連合国として参戦し，中国にあるドイツの租借地などを占領した。
(4)②イギリスやフランスは多くの植民地をもっていたため，植民地との間で貿易をさかんにすることで景気をよくしようと考えた。ここでは「植民地を多くもっていた」ことが書いてあれば正解。
(6)①の国際連盟は，第一次世界大戦後にアメリカのウィルソン大統領の提案で発足したのでい。
③のロシア革命は第一次世界大戦中におこったのであ。④は，満州事変が始まったあとに建国した満州国を国際連盟が認めない決議を受け，

日本は国際連盟を脱退したためえとなる。
2　(1)②農地改革とは，政府が地主の土地を強制的に買い上げ，小作人に安く売りわたすことで，多くの自作農を生み出す政策である。
(3)多くの国々が東西陣営に分かれて対立したが，実際の戦火が伴わないことから「冷たい戦争(冷戦)」とよばれる。日本はアメリカ中心の西側に組みこまれた。
3　(1)①1955年から73年まで，年平均で10%程度の成長を続けた時期で，高度経済成長とよばれる。
(2)不動産投機などによる実態のない経済発展だったため「バブル（泡）経済」とよばれた。

入試につながる

・第一次世界大戦は，日本の関わり方をおさえておこう。
・世界恐慌に対しての景気対策は国別に整理し，日本が戦争へと突き進んでいった流れをおさえよう。
・戦後改革の内容はよく出題されるので，戦前の政策と比較して理解しておこう。

入試によく出る歴史の用語

□**大化の改新**…中大兄皇子（のちの天智天皇）と中臣鎌足（のちの藤原鎌足）らが，645年に蘇我氏を倒して進めた政治改革。

□**班田収授法**…戸籍に基づき，6歳以上の男女に口分田をあたえ，亡くなると国に返させることを定めた法令。

□**墾田永年私財法**…743年に出された，新しく開いた土地の永久私有を認めた法令。公地・公民がくずれ，私有地は荘園へと発展していった。

□**摂関政治**…藤原氏が行った，天皇の幼少期には摂政，成人後は関白となり実権をにぎる政治。

□**承久の乱**…1221年，後鳥羽上皇が朝廷の勢力回復のために挙兵したが，鎌倉幕府軍に敗れた乱。

□**御成敗式目（貞永式目）**…1232年に執権北条泰時が定めた政治の判断の基準となる最初の武家の法律。その後の武士の法律の手本となった。

□**モンゴル帝国**…13世紀初め，チンギス・ハンが建てた，ユーラシア大陸の東西にまたがる大帝国。5代皇帝のフビライ・ハンは元を建国し，日本に二度襲来した（元寇）。

□**土一揆**…惣を中心に，民衆が年貢の軽減や借金の帳消しなどを求めておこした行動。

□**応仁の乱**…室町幕府第8代将軍足利義政のあとつぎ争いがもとで，守護大名の細川氏と山名氏が対立しておこった戦乱。

□**宗教改革**…16世紀，ヨーロッパでルターやカルバンを中心に広まったキリスト教の改革。それまでのカトリック教会の腐敗に対して新しい教えを信仰するプロテスタント（抗議する者）が現れた。

□**イエズス会**…カトリック教会が宗教改革に対抗して創設した修道会。海外布教を進め，ザビエルはインド，日本へわたった。

□**兵農分離**…太閤検地と刀狩によって，武士と農民の身分の区別を明確にしたこと。武士が農民を支配する江戸時代の身分制度のもととなった。

□**鎖国**…江戸幕府が行った，キリスト教の禁止と貿易・海外情報の独占・管理のための外交政策。

□**享保の改革**…江戸幕府第8代将軍徳川吉宗による幕政改革。倹約令や上げ米の制（大名が参勤交代で江戸に住む期間を1年から半年にする代わりに，米を幕府に献上させる制度）などを実施。

□**寛政の改革**…老中松平定信による幕政改革。出稼ぎに来ていた農民を村に帰し，旗本・御家人の借金を帳消しにし，朱子学の振興をはかった。

□**天保の改革**…老中水野忠邦による幕政改革。株仲間を解散し，江戸に出稼ぎに来ていた農民を村に帰らせた。

□**「権利章典」**…1688～89年にイギリスでおきた名誉革命の際，国王ではなく議会を重んじることが定められた法律。

□**人権宣言**…1789年に始まったフランス革命の際，人間としての自由や平等，国民主権，私有財産の不可侵などを唱えた宣言。

□**産業革命**…18世紀後半にイギリスで始まった，機械生産などの技術向上による経済のしくみの変化。

□**薩長同盟**…坂本龍馬らの仲介で結ばれた，倒幕に向けての薩摩藩と長州藩の同盟。

□**地租改正**…1873年に始まった税制改革。土地の所有者は地価の3％を現金で納めるようになった。

□**大正デモクラシー**…政党政治が発展し，民主主義が強く唱えられた大正時代の風潮。

□**満州事変**…1931年に日本が満州進出のためにおこした戦争。翌年，日本は満州国を建国した。

□**農地改革**…戦後の民主化改革の1つ。地主が持つ小作地を政府が買い取り，小作人に安く売ることで自作農を増やした。

□**日中平和友好条約**…1978年に日本と中国との間で結ばれた友好条約。

□**バブル経済**…1980年代後半，投機によって株式と土地の価格が異常に高騰し，好景気となった経済。

---

1 (1) ① **B** ② **エ** ③ **あ,** ノルウェー (2) 大西洋 (3)（例）<u>医療</u>が普及して<u>死亡率</u>が下がり，<u>出生率</u>が高いままであった

2 (1) **あ イ** **い ウ** **う ア** (2)（例）寒流の親潮と暖流の黒潮がぶつかる潮境（潮目）があるから。
(3) **ウ** (4) ① 110m ② 750m

3 (1) 古墳（前方後円墳） (2) ① **ウ** ② 藤原道長 (3) **エ** (4) イ→ウ→ア (5) 参勤交代

4 (1) **ア** (2) ロシア (3) ウ→エ (4) a（例）<u>イギリス経済圏以外の国々に対する関税を，イギリス経済圏より高く</u> b **ア** (5) ポツダム

解 説 **1** (1)① Eの緯線は北緯40度で秋田県北部を通る。ヨーロッパではスペインの中央部を通るのでBが正解。ヨーロッパの広い範囲は北緯40度よりも高緯度だが，暖流の北大西洋海流の上空を偏西風がふくため，比較的温暖である。
②地図Ⅰの◯印で示した区域は熱帯が広がり，熱帯ではいも類が多く食べられる。
③雨温図Qを見ると，夏の気温が10度以上で，冬の気温が0度以下となることから亜寒帯だと判断する。地図中のあ〜えから首都が亜寒帯にあるのはあのノルウェーのオスロとなる。雨温図Pは気温が比較的高く，降水量が多いことから温暖湿潤気候でえの日本の首都東京。雨温図Rも温帯だが，降水量が少ないことから西岸海洋性気候でいのイギリスの首都ロンドン。雨温図Sはほとんど雨が降らないので砂漠気候でうのエジプトの首都カイロとなる。
(2)地図Ⅲは南極大陸を表している。aは，イギリスのロンドンを通る本初子午線とアメリカを通る西経90度の間にある大洋なので大西洋となる。bはインド洋，cは経度180度が通るので太平洋である。
(3)アジア，アフリカ諸国では医療の普及によって死亡率が下がり，さらに，依然として出生率が高いままであり，人口が急速に増えている。このような状態を人口爆発とよぶ。
2 (1)あは日本海側の気候で，冬に雨や雪による降水量が多いことからイ。いは瀬戸内の気候で，降水量が少ないことからウ。うは太平洋側の気候で夏に雨が多いことからアとなる。
(2)●で示した三陸沖の海域は，寒流の親潮と暖流の黒潮がぶつかる潮境（潮目）となっている。潮境はプランクトンが豊富で，寒流と暖流の魚がいるため魚種も豊富である。そのため好漁場となる。
(3)aは製造品出荷額等の割合が高いことから工業生産がさかんな地域であるため，中京工業地帯などがある中部地方である。cは人口が少ないことと，農業産出額が比較的大きいことから北海道地方，残るbは中国・四国地方となる。
(4)①資料Ⅱの地形図の縮尺は2万5千分の1なので，計曲線（太い等高線）の間隔は50m，主曲線（細い等高線）の間隔は10mとなる。Aの標高は100mの計曲線を基準に測ると130mとなる。Bの標高は表示されている「58m」近くの50mの計曲線を基準に測ると20mとなる。よって，A・Bの標高差は110mである。
②実際の距離は〈縮尺の分母×地図上の長さ〉で求める。C・D間の地図上の長さは3cmなので，〈25000 × 3（cm）= 75000（cm）= 750（m）〉となる。
3 (1)大和政権とは，古墳時代初期に奈良盆地を中心とした地域に生まれた，王と有力な豪族が集まってできた勢力で，その後は朝廷へと発展していった。この時期の王や有力な豪族の墓を古墳という。前方後円墳の分布は大和政権の勢力が広がったことを意味し，東北地方南部から

九州地方まで分布していたことから,「前方後円墳」でも正解。

(2)①摂関政治とは,平安時代に藤原氏が摂政や関白となって行った政治である。貴族は平安時代に広まった天台宗や真言宗を信じたが,世の中の不安が高まると,念仏を唱えて阿弥陀如来にすがり,極楽浄土へ生まれ変わることを願う浄土信仰がおこり,広まった。

②資料の歌は,「この世はわたしのものである」とうたったもので,摂関政治を行って藤原氏の全盛期を築いた藤原道長の作である。

(3)足利義満は室町幕府の第3代将軍で,幕府の全盛期を築いた人物である。義満は京都の北山の別荘に金閣を建てた。アの東大寺は奈良時代の聖武天皇,イの平等院鳳凰堂は平安時代の藤原頼通,ウの銀閣は室町時代の足利義政が建てた。

(4)生類憐みの令は17世紀後半に5代将軍徳川綱吉が出した法令,公事方御定書は18世紀前半に8代将軍吉宗が定めた法律,異国船打払令は外国船が日本近海にやってくるようになった19世紀前半に定められた。

(5)3代将軍徳川家光は,武家諸法度に参勤交代の制度を付け加えた。武家諸法度は1615年に大名を統制するためにつくられた法律で,その後は8代将軍吉宗まで,将軍が代わるごとに修正が加えられた。家光が付け加えた参勤交代では,大名は1年おきに領地と江戸を行き来する義務を負い,妻子は江戸に住まわせ,幕府の人質の

意味を持たせた。この制度によって,幕府は大名支配を強めた。

4 (1)岩倉使節団とは1871年に岩倉具視を全権大使として欧米に派遣された使節のことで,江戸時代に結んだ不平等条約の改正が目的であった。使節には5人の女子留学生も同行し,7歳で参加した津田梅子は帰国後は日本の女子教育のために貢献した。

(2)三国干渉は,遼東半島を得たかったロシアがドイツとフランスとともに,日本に行った勧告である。

(3)第一次世界大戦の時期の日本は大正デモクラシーの風潮が高まり,原敬が初めて本格的な政党内閣を組織した。大戦が終わり世界恐慌がおこる前には,第二次護憲運動がおこり,その後に成立した加藤内閣は普通選挙法を成立させた。これによって,満25歳以上の男子に選挙権があたえられるようになった。

(4)a世界恐慌の不景気に対してイギリスはブロック経済を成立させ,オーストラリアやインドなどの植民地との貿易を活発にすることで景気をよくしようとした。ここでは,「イギリス経済圏からの貿易を活発にするために,イギリス経済圏以外の国々に対する関税を高くした」ことが書いてあれば正解。

(5)日本は1945年8月14日にポツダム宣言を受諾したことで,太平洋戦争が終わった。

〈歴史〉幕府のしくみ図

鎌倉幕府（かまくら）

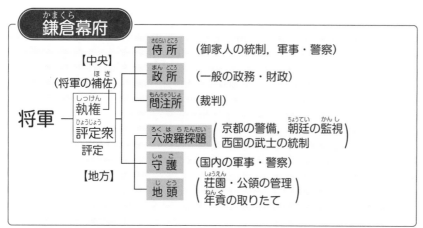

【中央】
（将軍の補佐）

将軍 — 執権（しっけん）
評定衆（ひょうじょう）
評定

- 侍所（さむらいどころ）（御家人の統制，軍事・警察）
- 政所（まんどころ）（一般の政務・財政）
- 問注所（もんちゅうじょ）（裁判）

【地方】
- 六波羅探題（ろくはらたんだい）（京都の警備，朝廷の監視 / 西国の武士の統制）
- 守護（しゅご）（国内の軍事・警察）
- 地頭（じとう）（荘園・公領の管理 / 年貢の取りたて）

【特徴】
- 源頼朝（みなもとのよりとも）が開いた。源氏の将軍が三代で途絶える（とだ）と，北条氏（ほうじょう）が将軍の補佐役として**執権**につき，執権政治を行った。
- 承久の乱以後，京都に**六波羅探題**が置かれた。

室町幕府（むろまち）

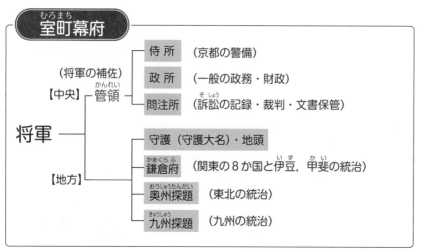

【中央】 管領（かんれい）
（将軍の補佐）

将軍

- 侍所（京都の警備）
- 政所（一般の政務・財政）
- 問注所（訴訟の記録・裁判・文書保管）（そしょう）

【地方】
- 守護（守護大名）・地頭
- 鎌倉府（かまくらふ）（関東の8か国と伊豆（いず），甲斐（かい）の統治）
- 奥州探題（おうしゅうたんだい）（東北の統治）
- 九州探題（きゅうしゅう）（九州の統治）

【特徴】
- 足利尊氏（あしかがたかうじ）が開いた。3代将軍足利義満（よしみつ）が京都の室町に御所（ごしょ）をかまえたため，室町幕府とよぶ。
- 将軍の補佐役として**管領**が置かれ，足利氏一族の有力な守護大名が交代で任命された。

江戸幕府（えど）

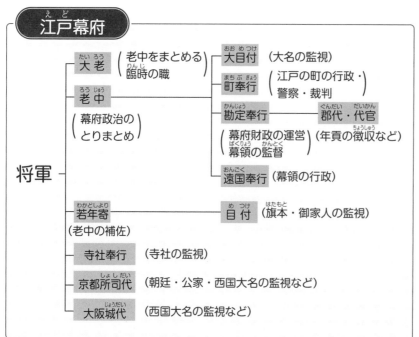

将軍

- 大老（たいろう）（老中をまとめる / 臨時の職（りんじ））
- 老中（ろうじゅう）（幕府政治のとりまとめ）
  - 大目付（おおめつけ）（大名の監視）
  - 町奉行（まちぶぎょう）（江戸の町の行政・警察・裁判）
  - 勘定奉行（かんじょう）（幕府財政の運営 / 幕領の監督（ばくりょう かんとく））
    - 郡代・代官（ぐんだい だいかん）（年貢の徴収など（ちょうしゅう））
  - 遠国奉行（おんごく）（幕領の行政）
- 若年寄（わかどしより）（老中の補佐）
  - 目付（めつけ）（旗本・御家人の監視（はたもと））
- 寺社奉行（寺社の監視）
- 京都所司代（きょうとしょしだい）（朝廷・公家・西国大名の監視など）
- 大阪城代（じょうだい）（西国大名の監視など）

【特徴】
- 徳川家康（とくがわいえやす）が開いた。最も長く続いた幕府。
- 将軍のもとに**老中**が置かれ，老中の上に臨時の職として**大老**が置かれた。
- 老中は，将軍直属の職で，すべての政治を指揮（しき）した。

サクッと 確 認 シート　地理

世界の主な鉱産資源

（2017 Energy Statistics Yearbook ほか）

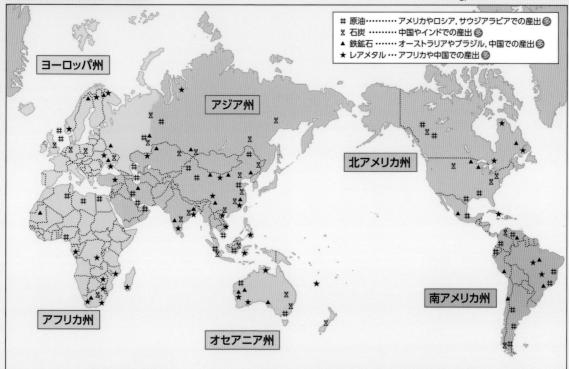

凡例：
- ＃ 原油………アメリカやロシア，サウジアラビアでの産出
- ✗ 石炭………中国やインドでの産出
- ▲ 鉄鉱石……オーストラリアやブラジル，中国での産出
- ★ レアメタル…アフリカや中国での産出

ヨーロッパ州　アジア州　北アメリカ州　アフリカ州　オセアニア州　南アメリカ州

日本の農業・畜産業・漁業

（2019〜20 農林水産省資料ほか）

酪農　釧路　畑作　八戸　気仙沼　石巻　抑制栽培　近郊農業　境　焼津　銚子　近郊農業　促成栽培

↓ 主要漁港

0　300km

凡例：乳牛　肉牛　豚　ブロイラー　米　ぶどう　りんご　おうとう（さくらんぼ）　パイナップル　じゃがいも　にんじん　たまねぎ　もも　みかん　きゅうり　なす　レタス

日本の工業のさかんな地域

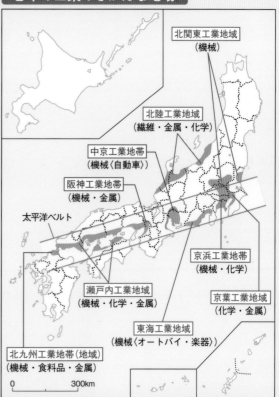

北関東工業地域（機械）
北陸工業地域（繊維・金属・化学）
中京工業地帯（機械〈自動車〉）
阪神工業地帯（機械・金属）
太平洋ベルト
京浜工業地帯（機械・化学）
瀬戸内工業地域（機械・化学・金属）
京葉工業地域（化学・金属）
東海工業地域（機械〈オートバイ・楽器〉）
北九州工業地帯（地域）（機械・食料品・金属）

0　300km

サクッと 確 認 シート　　歴史

(英=イギリス, 仏=フランス, 中=中国, 米=アメリカ)

左表

時代	日本のできごと	文化	中国	世界のできごと
縄文	旧石器　打製石器 ★狩猟・採集の生活	縄文文化　縄文土器　土偶		★四大文明がおこる 殷 周 ★シャカが仏教を開く
弥生	★稲作・金属器の使用が開始	弥生文化　弥生土器	春秋戦国 前漢	秦(始皇帝)
弥生	★各地に小国が成立 57　奴国の王が漢に使い	銅鐸	後漢	★キリスト教がおこる
	239　邪馬台国の卑弥呼が魏に使い		魏・呉・蜀 晋	
古墳	★大和政権の国土統一 ★大陸文化の伝来 ★仏教伝来	古墳文化　古墳　埴輪	五胡十六国 南北朝	
飛鳥	593　聖徳太子摂政に 607　遣隋使(小野妹子) 645　大化の改新	飛鳥文化　法隆寺	隋 唐	★ムハンマドがイスラム教を開く
奈良	701　大宝律令 710　平城京遷都 743　墾田永年私財法 794　平安京遷都	天平文化　古事記　日本書紀　正倉院	唐	★フランク王国全盛 ★イスラム帝国全盛
平安	894　遣唐使の停止	国風文化　仮名文字	五代	
平安	1016　藤原道長が摂政に 1086　院政の開始	紫式部　清少納言　大和絵	宋(北宋)	
	1167　平清盛が太政大臣に 1185　平氏の滅亡 1192　源頼朝が征夷大将軍に→鎌倉幕府		金 宋(南宋)	
鎌倉	1221　承久の乱 1232　御成敗式目 1274・1281　元寇	鎌倉文化　金剛力士像　鎌倉仏教	モンゴル	1206　チンギス=ハンがモンゴルを統一
南北朝／室町	1334　建武の新政 1338　足利尊氏が征夷大将軍に→室町幕府 1392　南北統一 1404　勘合貿易開始	北山文化　金閣　能	元 明	★ルネサンスが始まる
戦国	1467　応仁の乱(〜77) ★土一揆が多発	東山文化　銀閣　水墨画		★大航海時代
安土桃山	1543　鉄砲伝来 1549　キリスト教伝来 ★太閤検地・刀狩 1590　豊臣秀吉が全国統一 1600　関ヶ原の戦い	南蛮文化　茶の湯　桃山文化	明	1517　ルターの宗教改革 ★絶対王政

右表

時代	日本のできごと	文化	中国	世界のできごと
江戸	1603　徳川家康が征夷大将軍に→江戸幕府 1615　武家諸法度 1635　参勤交代が制度化 1637　島原・天草一揆 1641　鎖国体制が固まる		明	1640　ピューリタン革命(英) 1688　名誉革命→権利章典(英)
江戸	〔徳川綱吉の政治〕 〔新井白石の政治〕 1716　享保の改革(徳川吉宗〜45)	元禄文化　浮世絵　井原西鶴　松尾芭蕉　近松門左衛門	清	★産業革命(英) 1776　独立宣言(米) 1789　フランス革命→人権宣言
江戸	〔田沼意次の政治〕 1787　寛政の改革(松平定信〜93)	★蘭学　★国学	清	1804　ナポレオンが皇帝に(仏) 1840　アヘン戦争(〜42)
江戸	1825　異国船打払令 1837　大塩の乱 1841　天保の改革(水野忠邦〜43)	化政文化　小林一茶　葛飾北斎　歌川広重	清	
江戸	1853　ペリー来航 1854　日米和親条約 1858　日米修好通商条約		清	1851　太平天国の乱(中) 1857　インド大反乱(〜59)
明治	1867　大政奉還 1868　五箇条の御誓文　★明治維新 1871　廃藩置県　★文明開化 1873　徴兵令・地租改正 ★自由民権運動 1889　大日本帝国憲法 1894　日清戦争→95 下関条約		清	1861　南北戦争(米〜65) ★帝国主義
明治	1904　日露戦争→05 ポーツマス条約 1910　韓国併合		清	1911　辛亥革命(中)
大正	1918　米騒動→政党内閣(原敬) 1925　普通選挙法・治安維持法		中華民国	1914　第一次世界大戦(〜18) →19 ベルサイユ条約 1929　世界恐慌
昭和	1931　満州事変 1937　日中戦争(〜45) 1941　太平洋戦争(〜45)		中華民国	1939　第二次世界大戦(〜45)
昭和	1946　日本国憲法公布(翌年施行) 1951　サンフランシスコ平和条約 〃　日米安全保障条約 1956　日ソ共同宣言→国連加盟 ★高度経済成長 1973　石油危機 1978　日中平和友好条約 1995　阪神・淡路大震災		中華人民共和国	1945　国際連合 ★冷戦 1950　朝鮮戦争(〜53) 1965　ベトナム戦争激化(〜75) 1991　ソ連解体
平成	2002　日朝首脳会談(平壌宣言) 2011　東日本大震災		(台湾)	2001　同時多発テロ(米) 2003　イラク戦争
令和	2021　東京オリンピック・パラリンピック			